소설 한 잔

정인성 지음 | 엄소정 그림

소설 한 잔

Copyright © 2025 by Youngjin.com Inc.
B-10F, Gab-eul Great Valley, 32, Digital-ro 9-gil, Geumcheon-gu, Seoul, Republic of Korea.
All rights reserved. No part of this book may be reproduced or transmitted in any form or by any means, electronic or mechanical, including photocopying, recording or by any information storage retrieval system, without permission from Youngjin.com Inc.

Extract from LOLITA by Vladimir Nabokov. Copyright © 1955, Vladimir Nabokov, used by permission of The Wylie Agency (UK) Limited.

ISBN 978-89-314-8089-4

독자님의 의견을 받습니다.
이 책을 구입한 독자님은 영진닷컴의 가장 중요한 비평가이자 조언가입니다. 저희 책의 장점과 문제점이 무엇인지, 어떤 책이 출판되기를 바라는지, 책을 더욱 알차게 꾸밀 수 있는 아이디어가 있으면 팩스나 이메일, 또는 우편으로 연락주시기 바랍니다. 의견을 주실 때에는 책 제목 및 독자님의 성함과 연락처 (전화번호나 이메일)를 꼭 남겨 주시기 바랍니다. 독자님의 의견에 대해 바로 답변을 드리고, 또 독자님의 의견을 다음 책에 충분히 반영하도록 늘 노력하겠습니다.

주 소 : (우)08512 서울특별시 금천구 디지털로9길 32 갑을그레이트밸리 B동 10층 (주)영진닷컴
이메일 : support@youngjin.com
※ 파본이나 잘못된 도서는 구입처에서 교환 및 환불해드립니다.

STAFF
저자 정인성 | **총괄** 김태경 | **진행** 윤지선 | **디자인·편집** 김효정
영업 박준용, 임용수, 김도현, 이윤철 | **마케팅** 이승희, 김근주, 조민영, 김민지, 김진희, 이현아
제작 황장협 | **인쇄** 예림

저자의 말

책과 술, 이 두 가지는 오래전부터 인간의 삶을 풍요롭게 해온 매개체였습니다. 둘 중 하나만 즐겨도 분명 멋진 삶이라 할 수 있겠죠.

책과 술을 함께 즐긴다고 하면 이야기가 조금 달라집니다. 하필이면 저는 이 두 가지를 동시에 즐기는 취향을 가진 사람이었는데요. 좋아하는 것을 업으로 삼자는 마음으로 책바라는 공간을 처음 열었을 때 반응이 아주 뜨거웠습니다. 몇 달 안에 망할 것이라는 의견이 대부분이었죠. 책과 술은 물과 기름 같은 관계여서, 함께 어울리는 것이 불가능하다는 피드백도 많이 받았습니다. 다행히도 책바는 올해로 10주년을 맞이했습니다. 지난 10년의 여정은 고정관념을 거스르는 공간도 살아남을 수 있다는 사실을 증명하는 시간이었습니다.

소설은 시대의 정체성을 담고 술은 시대의 문화상을 보여주기에, 두 요소는 서로 긴밀한 관계를 맺고 있습니다. 그런 의미에서 소설을 읽다가 술이 등장하는 장면을 발견하는 건 자연스러운 일입니다. 물론 많은 작가들이 실제로 술을 사랑하기도 했는데요. 어니스트 헤밍웨이와 무라카미 하루키는 각각 서양과 동양을 대표하는 작가이자 애주가입니다. 이들의 작품 속에는 다양한 술이 고유명사로 등장하며, 단순한 오브제가 아닌 의미가 담긴 상징으로 기능합니다. 책바를 처음 준비하던 시절, 이들의 작품을 읽다가 어떤 술을 발견하면 유난히 눈길이 갔습니다. 그 술이 어떻게 탄생했는지, 이름은 왜 그렇게 붙였는지, 그리고 작가는 왜 하필 그 장면에서 그 술을 넣었는지가 궁금했죠. 물론 맛도 궁금했습니다.

    이 책은 저와 비슷한 궁금증을 가진 분들을 위해 썼습니다. 오랫동안 사랑받아온 클래식 칵테일부터 문장 속에서만 존재하는 상상의 칵테일까지, 소설에 등장하는 다양한 칵테일을 조명했습니다. 직접 만들어보고 싶은 분들을 위해 레시피도 함께 수록했습니다. 소설을 좋아하는 분들에게는 새롭고 흥미로운 관점을, 술을 좋아하는 분들에게는 지적인 즐거움을 전해드릴 수 있길 바랍니다. 편안하고, 맛있게 읽어주시면 감사하겠습니다.

2025년 여름,
책바의 구석 자리에서

정인성

목차

전주볼 X 애주가의 결심 8

올드패션드 X 캐롤 16

맨해튼 X 유리열쇠 26

위스키 & 소다 X 그리고 아무도 없었다 35

커티삭 하이볼 X 1Q84 42

진 리키, 민트 줄렙 X 위대한 개츠비 52

드라이 마티니 X 호밀밭의 파수꾼 65

베스퍼 마티니 X 007 카지노 로얄 77

압생트 마티니 X 면도날 88

김렛 X 기나긴 이별 99

잭 로즈 X 태양은 다시 떠오른다 107

발랄라이카 X 기사단장 죽이기 117

헨드릭스 진 토닉 X 그레이의 50가지 그림자 125

보드카 토닉 X 상실의 시대 136

피냐 콜라다 X 우리는 사랑일까 145

시칠리안 키스 X 하느님의 보트 154

비숍 X 크리스마스 캐럴 163

알렉산드라 X 살인자의 건강법 170

와인 스포디오디 X 길 위에서 178

핀 X 롤리타 185

로빈스 네스트 X 국경의 남쪽, 태양의 서쪽 195

촉테일 X 속죄 204

팬 갈랙틱 가글 블래스터 X 은하수를 여행하는 히치하이커 212

일러두기

- 직접 인용한 도서는 각주로, 참고한 도서는 책 후반부 참고문헌에 정리했습니다. 한국에 출판된 단행본은 한국 출판 연도 및 참고한 도서를 기준으로 표기하였습니다.
- 단행본은 『 』, 영화, 노래, 시, 그림이나 글의 제목은 《 》, 신문, 매거진, TV프로그램의 이름 또는 제목은 < >로 표시했습니다.
- 일부 단어는 생동감을 위해 업계에서 주로 사용하는 단어를 따랐습니다.

전주볼 X
애주가의 결심

Author 은모든

칵테일은 서양에서 유래한 식음료 문화입니다. 약 3,000년 전부터 크레타인들은 맥주와 미드^{Mead}1 그리고 와인을 섞어서 마셨다고 합니다. 고대 그리스 문학의 가장 오랜 서사시로 알려진 『일리아스^{Ilias}』에도 노예들이 와인에 치즈와 꿀, 생양파를 섞은 음료를 준비했다는 기록이 있죠. 조금 더 가까운 시점의 기록으로 와보겠습니다. 1806년 미국의 신문 <The Balance, and Columbian Repository>에 처음으로 칵테일이 알코올 음료로 정의된 기록이 등장했습니다. 호기심 가득한 어떤 독자가 질의란에서 칵테일이 무엇인지 물었고, 편집자인 해리 크로스웰은 이렇게 답했습니다. '칵테일은 아무 종류의 증류주에 설탕과 물, 그리고 비터가 더해진 자극적인 술^{2}입니다.' 흥미롭게도, 이 정의는 오늘날에도 즐겨 마시는 올드패션드라는 클래식 칵테일의 재료와도 일치합니다. 올드패션드에 대한 이야기는 다음 장에서 자세히 하도록 하겠습니다.

　　　이토록 서양인들은 오래 전부터 칵테일과 친밀한 삶을 살았습니다. 대중뿐만 아니라, 소설가들도 당연히 칵테일을 즐겼을 겁니다. 이들의 칵테일을 향한 사랑은 작품 속에서도 고스란히 표현되었죠. 한편, 한국에서는 20세기 후반에 이르러서야 칵테일이 대중화되기 시작했습니다. 물론 소주와 맥주 그리고 막걸리가 차지하는 비중이 여전히 절대

1　벌꿀술
2　Cock-tail is a stimulating liquor, composed of spirits of any kind, sugar, water, and bitters—it is vulgarly called bittered sling, and is supposed to be an excellent electioneering potion, in as much as it renders the heart stout and bold, at the same time that it fuddles the head. It is said, also to be of great use to a democratic candidate: because a person, having swallowed a glass of it, is ready to swallow anything else.

적으로 컸는데요. 이렇다 보니 한국의 소설가에게는 칵테일보다는 다른 술의 영향이 컸을 겁니다. 그래서 한국 소설 속에서 술은 대부분 '소주'나 '맥주', '와인'처럼 일반명사로만 등장했습니다. 고유명사로 등장한 건 칵테일이 조금 더 대중화된 2010년대의 일이죠. 이를 보여주는 대표적인 작품 중 하나가 은모든의 장편소설 『애주가의 결심』(2018)입니다.

『애주가의 결심』은 책바를 운영하는 저에게 아주 소중한 소설입니다. 책바의 메뉴에는 '소설 속의 술'이라는 섹션이 있습니다. 소설 속에 칵테일이 등장하는 문장들을 모아서 만든 메뉴인데요. 실제로 책바에 방문하는 분들이 몰입하며 읽다가 주문을 깜빡할 정도로 흥미로운 부분이기도 합니다. 처음 메뉴를 고안했을 때, 소위 고전문학이라 불리는 서양 소설에서는 칵테일이 고유명사로 등장하는 문장을 비교적 수월하게 찾아볼 수 있었습니다. 한편, 한국 소설에서는 좀처럼 발견하기 어려웠지요. 한국 소설에 등장하는 칵테일도 메뉴로 소개하고 싶었던 만큼 그 아쉬움은 더욱 크게 느껴졌습니다. 그러던 어느 날, 어떤 손님이 반가운 제보를 주셨습니다. 처음으로 한국 소설에서 칵테일의 이름을 발견한 역사적인 순간이었습니다. 제목만 읽어도 술냄새가 물씬 나서 특히 반가웠답니다.

주인공인 주희의 별명은 술주희입니다. 일상을 술과 함께 하며 필름도 거의 끊긴 적이 없는 자타공인 주당이죠. 현재 백수인 그는 사촌 언니의 자취방 복층에 얹혀삽니다. 하필이면 언니가 사는 동네는 맛집으로 가득한 망원동입니다. 주희는 동네에서 언니 또는 술친구인 배짱과 함께 여러 술집을 다니며 다양한 술을 마십니다. 이 소설의 특별

한 점 중 하나는 실제로 존재하는 술집이 등장한다는 것입니다. 은모든 작가가 실제로도 술을 사랑한다는 사실을 추측할 수 있는 부분이죠. 주희는 배짱과 바 아루감에서 1차로 맥스 생맥주와 파인애플 코코넛 민티럼을 마신 뒤, 2차로 문인더랩으로 향합니다. 이곳에서 주희는 전주볼을, 배짱은 타파스에 블랑 생맥주를 선택합니다. 여기서 주희는 처음 마셔보는 전주볼이라는 칵테일에 반해버립니다.

나는 이강주라는 전주의 전통주를 베이스로 만든 전주볼이라는 칵테일을 골랐다. 이강주를 마셔본 적이 없으므로 모험을 하는 기분으로

택한 전주볼의 맛은 기대 이상이었다. 전체적으로는 진저 하이볼과 닮은 듯하지만 더 산뜻했다. 탄산은 도드라지지 않았고 생강 맛은 한결 선명했다. 부드러움과 강렬함이 제대로 조화를 이룬 한 잔이었다.[3]

전주볼은 이강주의 산지인 '전주'에 하이볼의 '볼'이 더해져 탄생한 이름의 칵테일입니다. 먼저 이강주에 대해서 알아보겠습니다. 이강주(梨薑酒)는 이름 그대로 배(梨)와 생강(薑)을 주재료로 하는 증류식 소주입니다. 이강고라고도 불리며 감홍로, 죽력고와 함께 조선의 3대 명주 중 하나로 꼽히는 술이기도 합니다. 주희는 전주볼을 마시며 증류식 소주의 매력을 알게 됩니다.

한편, 한국은 희석식 소주의 나라입니다. 녹색 병으로 대표되는 희석식 소주는 고구마와 카사바[4] 등에서 뽑아낸 식물성 탄수화물을 발효시킨 후, 연속증류하여 얻어낸 85퍼센트 이상의 주정을 원료로 합니다. 이 주정을 물로 희석하고 감미료, 기타 첨가물을 첨가하여 만들죠. 불순물을 깔끔하게 없애지만 원재료의 개성마저도 희석시킨다는 맹점이 있습니다. 그렇기 때문에 어떤 재료를 사용하든 동일한 맛을 내서 좋은 원료를 고집할 필요도 없게 됩니다. 반면, 증류식 소주는 단식 증류기를 통해 원료의 풍미를 살린 소주입니다. 쌀, 보리, 고구마 등 각각의 원재료를 발효하고 증류하여 다채로운 개성을 맛볼 수 있다는 특징이 있습니다. 주희는 이강주를 통해 새로운 세계를 만나게 되죠. 증류식 소주가 희석식 소주와 비교하여 몇 배 이상의 가격인 이유가 역시 있었습

---

[3] 은모든, 『애주가의 결심』, 은행나무, 2018, p.143
[4] 고구마처럼 생긴 다년성 덩이뿌리 작물. 카사바 뿌리에서 추출한 녹말을 타피오카라고 함

니다. 하지만 신기하게도, 고된 하루를 보내고 나면 이가 시릴 만큼 차갑게 냉각된 희석식 소주 한 잔에 순대국이 절로 떠오릅니다. 아마 이 글을 읽는 분 중에도 저와 같은 생각을 가진 동지가 있으리라 생각합니다.

이강주에는 배와 생강 외에도 울금[5]과 계피 그리고 벌꿀이 들어갑니다. 전주에서 난 배는 나주배 못지 않게 품질이 좋으며, 울금은 왕에게 진상할 정도로 유명했다고 합니다. 이강주는 먼저 잘 발효된 술덧(술 원액)을 증류해 알코올 도수 30도의 소주를 만들고, 소주 1말(약 18리터)에 배 5개와 생강 20그램을 강판에 갈아 걸러낸 즙과 계피가루에 울금과 벌꿀을 섞은 뒤 숙성시켜 만듭니다. 조선시대부터 만들어졌던 이강주는 잠시 명맥이 끊겼지만, 1987년 조정형 명인이 무형문화재로 지정되면서 다시 세상에 드러납니다. 조 명인은 삼학소주와 보배소주 등의 주류회사에서 25년간 일한 뒤, 이강주 복원을 위해 연구에 매진했습니다. 그 결과, 1990년에 이강주 양조장을 설립하죠.

기본 레시피로 만들어진 이강주는 25도입니다. 하지만 조정형 명인은 이강주를 유연하게 만들고 있습니다. 19도는 낮은 알코올 도수가 트렌드인 내수용으로, 38도와 55도는 고도수를 선호하는 해외 시장을 타겟으로 만들었습니다. 이강주는 곡물의 고소한 향과 청량한 배향이 어우러지며, 기대 이상으로 부드러운 맛에 따뜻한 목넘김이 인상적입니다. 그렇다면, 이강주가 칵테일로 재탄생한 전주볼은 어떤 레시피일까요?

사실 전주볼은 대외적으로 알려진 칵테일이 아닙니다. 소설 속

---

5   강황의 덩이뿌리를 말린 약재

배경이 되는 문인더랩의 레시피를 찾아보면 이강주와 생맥주를 마치 소맥처럼 섞어서 만드는 것 같습니다. 다만 전주볼이라는 이름과 달리 하이볼 형태의 칵테일이 아니고, 무엇보다도 현재는 운영을 하지 않는 공간으로 확인되어 책바의 버전으로 만들었습니다. 먼저 하이볼 글라스에 단단한 얼음을 층층이 채우고 이강주를 따른 뒤 신선한 라임 주스와 함께 진저에일을 채웁니다. 탄산음료 중에서도 진저에일을 선택한 이유는 이강주의 생강 뉘앙스와 연결시키고 싶었기 때문입니다. 주희가 표현했던 대로, 전주볼은 부드러움과 강렬함이 조화를 이루는 칵테일입니다. 무엇보다도 한 모금 머금는 순간, 이강주의 매력을 바로 느낄 수 있는 맛이죠. 레시피는 간단하지만 맛의 완성도는 높아서 외국인 손님들도 흥미롭게 즐기는 칵테일입니다.

  앞으로 책바 메뉴를 더 많은 한국 소설로 채우고 싶습니다. 물론 어느 소설에서든지 칵테일이 고유명사로 등장하는 문장을 발견한다면, 주저하지 마시고 책바에 알려주세요. 메뉴로 등재된다면 감사한 마음을 담아 맛있는 한 잔을 대접하겠습니다.

책바 레시피

: 재료

이강주 30ml

라임 주스 7.5ml

진저에일 90ml

라임 웨지

하이볼 글라스

: 만드는 법

1 차갑게 냉각한 하이볼 글라스에 이강주와 라임 주스를 따른다.
2 바 스푼으로 재료를 섞어준 뒤, 글라스에 얼음을 채운다.
3 얼음 사이로 진저에일을 천천히 붓는다. 탄산이 날아가지 않도록 바 스푼을 사용해 위아래로 조심스럽게 섞는다(술 용액과 탄산음료의 비중이 다르므로, 바 스푼을 회전시키기보다 수직으로 얼음을 살짝 들어 올리며 섞는 방식이 효과적이다).
4 라임 웨지를 얼음 곁에 두며 마무리한다.

올드패션드 X
캐롤

Author 퍼트리샤 하이스미스

어떤 소설은 조용히 사랑받다가, 훗날 영화로 제작되며 비로소 빛을 발하기도 합니다.《쥬라기 공원》,《쇼생크 탈출》,《포레스트 검프》,《파이트 클럽》,《콜 미 바이 유어 네임》등 의외로 많은 명작들이 이런 과정을 통해 널리 사랑받게 되었지요.

2015년, 한 로맨스 영화가 세상에 등장했습니다. 토드 헤인즈 감독의 섬세한 연출과 케이트 블란쳇, 루니 마라 두 배우의 매력에 흠뻑 빠질 수 있는 영화《캐롤^{Carol}》입니다.《캐롤》은 큰 화제 없이 개봉했지만 얼마 지나지 않아 영화를 좋아하는 이들의 마음속에 잔잔한 파동을 일으키기 시작했습니다. 아련한 분위기의 포스터는 호기심을 자극했고, 주연 배우들의 빼어난 연기와 감각적인 미장센, 그리고 무엇보다도 애틋한 사랑 이야기가 관객의 마음을 사로잡았습니다. 저는 천만 관객을 동원한 영화보다는 이런 작품에 끌리는 편인데요. 당시 다니던 회사 옆 건물의 씨네큐브에서 인상 깊게 관람했던 기억이 납니다. 혹시나 싶어 찾아봤더니, 역시 원작 소설이 있었습니다.

1952년, 미국 작가 퍼트리샤 하이스미스가 소설『캐롤^{Carol}』을 출간했습니다. 그는 20세기 최고의 심리 스릴러 범죄소설의 대가로 꼽히며, 영국의 일간지 <더 타임스>가 선정한 역대 최고의 범죄소설 작가 50인 중 1위를 차지하기도 했습니다. 혹시 리플리 증후군$^{Ripley\ Syndrome}$이라는 용어를 들어보셨나요? '자신의 현실을 부정하며 실제로는 존재하지 않는 허구의 세계를 진실이라 믿고 상습적으로 거짓된 말과 행동을 반복하는 가상의 정신질환'을 뜻하는 단어인데요. 심리학에 관심 있는 사람이라면 대부분 아는 이 용어는 그의 대표작『재능 있는 리플리 씨$^{The\ Talented\ Mr.\ Ripley}$』를 통해 세상에 알려졌습니다. 이 소설 또한 영화로 각색되었는데, 얼굴만 봐도 재밌다는 알랭 들롱 주연의 《태양은 가득히$^{Plein\ soleil}$》와 맷 데이먼과 주드 로, 기네스 팰트로 주연의 《리플리$^{The\ Talented\ Mr.\ Ripley}$》입니다.

 이렇게 범죄 소설 작가로 널리 알려진 퍼트리샤 하이스미스에게 『캐롤』은 특별한 의미를 지닌 작품입니다. 바로 자신의 자아를 투영한 소설이기 때문이죠. 그는 동성애자였으며, 동성애가 정신병으로 간주되던 당시 사회 분위기 속에서 클레어 모건$^{Claire\ Morgan}$이라는 필명으로 이 작품을 출간했습니다. 그녀는 그러한 분위기에 맞서고자 했던 자신의 내밀한 소망을 『캐롤』에 담았는데요. 캐롤과 테레즈, 두 여인의 사랑을 그린 이 작품은 레즈비언 문학으로서는 보기 드물게 해피 엔딩으로 마무리되며, 출간 당시부터 지금까지 많은 동성 연인들에게 큰 사랑을 받았습니다. 흥미로운 사실은 원작자 퍼트리샤 하이스미스뿐만 아니라 영화 《캐롤》의 각본가 필리스 나지, 감독 토드 헤인즈 모두가 동일한 성적 정체성을 지니고 있다는 점입니다. 그래서일까요. 영화는 원작의 결을 섬세하게 이어받으며 깊은 울림을 전합니다.

 테레즈는 무대 디자이너라는 꿈을 품고 있지만, 현실은 백화점에서 장난감을 파는 직원일 뿐입니다. 그는 꿈과 현실의 괴리 속에서 살고 있기에 무기력한 나날을 보냅니다. 그러던 어느 날, 마치 꿈처럼 캐롤을 만나게 됩니다. 그리고는 첫눈에 사랑에 빠지죠. 이 책을 읽는 많은 분들도 한 번쯤은 첫눈에 반했던 경험이 있을 겁니다. 머릿속이 띵 하고 울리며 온 세상이 그 사람으로 가득 차는, 말로는 다 설명할 수 없는 강렬한 감정의 순간입니다. 테레즈 역시 바로 그 순간적인 떨림을 느낍니다. 작중 심리 묘사는 매우 세밀하고 사실적이어서, 독자 역시 그

감정에 빠져들게 되지요. 실제로도 퍼트리샤 하이스미스는 이와 비슷한 경험을 했던 것으로 보입니다. 1948년, 그녀는 뉴욕 블루밍데일 백화점에서 잠시 점원으로 일했고, 그곳에서 금발에 모피 코트를 입은 여성을 마주친 기억을 바탕으로 이 소설을 썼다고 하죠. 테레즈가 첫눈에 사랑에 빠졌듯, 캐롤 역시 테레즈에게 이끌립니다. 캐롤은 유부녀이지만 과거에 여성을 사랑했던 경험이 있습니다. 테레즈가 크리스마스 카드를 보내자, 그녀는 백화점 근처 레스토랑에서 점심을 함께하자고 제안합니다.

다음 날, 이들은 레스토랑에서 칵테일을 마십니다. 캐롤은 설탕을 뺀 올드패션드를 주문한 뒤 테레즈에게도 같은 칵테일을 권합니다. 홀짝이며 마시는 테레즈와 달리, 그녀는 대차게 들이키죠. 그리고 한 잔씩 더 주문합니다.

캐롤과 테레즈가 함께 마시는 칵테일 올드패션드 Old fashioned는 직역하면 '옛날 방식의'이라는 뜻입니다. 대부분의 칵테일이 세련되고 화려한 이름을 갖고 있는 것과 달리, 이 칵테일은 왜 이런 이름을 갖게 되었을까요? 지금부터 그 이야기를 해보겠습니다.

올드패션드의 역사는 칵테일의 역사와 궤를 함께합니다. 앞서 이야기했듯이 1806년, 칵테일의 정의가 최초로 등장합니다. '칵테일은 아무 종류의 증류주에 설탕과 물 그리고 비터가 더해진 자극적인 술'[1]이란 정의죠. 이 당시에는 비터드 슬링 Bittered Sling이라고 불렀습니다. 19세기 중반에 이르러서는 오늘날처럼 진취적이고 호기심 가득한 바텐더들이 칵테일에 여러 실험을 하기 시작합니다. 칵테일에 큐라소, 마라스키노, 압생트 등을 섞으며 다양한 풍미를 만들어냅니다. 이런 칵테일을 임프루브드 칵테일 Improved Cocktail이라고 불렀습니다. 단어 그대로 무언가 개선되었다는 뜻이죠. 많은 사람들이 좋아하는 클래식 칵테일인 사제락 역시 이 시기에 탄생했습니다. 이런 다양성도 좋지만 예전 그대로의 칵테일이 그리웠던 사람도 있었을 겁니다. 이들은 바텐더에게 요구합니다. "나는 이딴 저속한 것들을 넣지 말고, 옛날에 마셨던 위스키 칵테

---

[1] Cock-tail is a stimulating liquor, composed of spirits of any kind, sugar, water, and bitters

일 old-fashioned Whiskey Cocktail 한 잔 주시오!" 칵테일 올드패션드의 이름은 이렇게 붙여졌습니다. 아주 단순해서 멋지지 않나요?

　　올드패션드라는 이름이 칵테일로 처음 등장한 시점은 1880년입니다. 지역 일간지인 <시카고 트리뷴>에 따르면, 당시 민주당 대선 후보였던 사무엘 틸든이 출마를 포기하자 그를 반대하던 민주당원들이 이를 축하하는 의미로 올드패션드를 마셨다고 전해집니다. 올드패션드를 만들 때 사용하는 위스키는 보통 라이 Rye[2] 또는 버번 Bourbon 인데요. 1882년 한 지역 바텐더의 인터뷰에 의하면, 올드패션드는 여전히 유행인 칵테일이었고 버번보다는 라이 위스키에 대한 요청이 많았다고 합니다. 이 시기의 기록은 오늘날 책바에서 올드패션드 레시피에 버번 대신 라이 위스키를 사용하는 이유 중 하나이기도 합니다.

　　오늘날에는 버번 위스키가 더 대중적이지만, 그 당시에는 라이 위스키의 인기가 높았습니다. 라이 위스키는 호밀 비중 51퍼센트 이상의 매시빌 Mash Bill[3]을 80도 이하의 알코올 도수로 증류하고, 불에 그을린 새 오크 배럴에서 숙성한 뒤 최종적으로 40도 이상으로 병입한 위스키를 말합니다. 라이 위스키는 역사적으로 버번보다 이른 시기에 미국에서 생산되기 시작했는데요. 17세기에서 18세기에, 영국과 네덜란드 이민자들이 미국 동부로 건너와 호밀을 재배하면서 역사가 시작되었습니다. 호밀은 추운 기후에도 잘 자라는 곡물이어서 당시에는 빵을 굽거나 가축 사료로도 널리 활용되었습니다. 이렇게 펜실베이니아와 메릴랜드 같은 동부 지역 도시들이 라이 위스키의 주 생산지가 됩니다. 반면, 옥

---

[2] 호밀
[3] 위스키 제조 과정에서 사용되는 곡물의 비율. 위스키의 맛과 향에 영향을 미치는 중요한 요소

수수를 주원료로 하는 버번 위스키는 19세기 서부 개척 시기와 함께 켄터키와 테네시 등 남부 내륙 지역으로 확산되며 자리 잡게 되었습니다. 이처럼 라이 위스키는 버번보다 먼저 생산되고 유통되었기에 당시 사람들에게 더욱 널리 사랑을 받았던 것입니다.

올드패션드는 전 세계에서 가장 사랑받는 클래식 칵테일 중 하나입니다. 어느 바를 가든 웬만하면 주문할 수 있을 겁니다. 재료와 레시피는 단순하지만 바텐더의 개성을 담아 다양한 버전으로 만들어집니다. 책바에서는 라이 위스키를 기주로 하고, 비정제설탕인 데메라라로 만든 시럽을 앙고스투라 비터와 넣은 뒤 큼지막한 얼음과 함께 젓습니다. 재료를 잘 섞어준 뒤에는 오렌지 필로 향을 입히며 마무리합니다. 라이 위스키는 버번 위스키에 비해 대체로 스파이시하고 거친 풍미를 가지고 있는데요. 이런 강렬한 풍미에 비터의 쌉쓸함, 그리고 데메라라 시럽의 달콤함이 놀랍도록 잘 어우러집니다. 상큼한 오렌지 향은 은은하게 퍼져 전체적인 균형감을 잡아줍니다. 이 자체로 완벽한 레시피라고 볼 수 있죠. 하지만, 캐롤은 설탕을 뺀 버전으로 올드패션드를 주문했습니다. 어떤 이유에서였을까요?

설탕을 뺀 올드패션드는 라이 위스키 특유의 캐릭터가 더욱 뚜렷하게 드러납니다. 단맛은 거의 느껴지지 않을 정도로 사라지며, 술에 익숙하지 않은 사람이라면 쉽게 마시기 어려운 맛이지요. 이 장면은 캐롤의 강인한 성격을 엿볼 수 있는 대목이기도 합니다. 테레즈에게도 같은 스타일의 칵테일을 제안하는 점은 흥미로운 부분입니다. 이 외에도 캐롤은 마티니를 마시는 장면을 통해 드라이하고 절제된 칵테일을 선호하는 취향을 보여줍니다.

이렇게 두 사람은 올드패션드를 마시며 조금씩 가까워졌고, 조심스럽지만 뜨거운 만남을 시작합니다. 하지만 두 여성의 만남은 순탄하지 않습니다. 분명 이혼 조정 중이긴 하지만 캐롤은 명백히 유부녀인 상태였고, 그에게는 눈에 넣어도 아프지 않을 사랑스러운 딸 린디가 있기 때문이죠. 이후 캐롤과 테레즈가 근교로 여행을 떠날 때 남편 하지가 몰래 사립 탐정을 붙입니다. 두 사람은 뜨거운 사랑을 나눈 뒤에야 탐정이 그들을 살펴봤다는 사실을 알게 됩니다. 너무나도 절망적인 순간이 왔습니다. 캐롤과 하지는 양육권 분쟁 중인 상황이었고, 동성애는 당시 시대배경적인 상황상 명백히 불리한 증거였기 때문이죠. 그 사실을 알게 된 캐롤과 테레즈는 이후 호텔 바에서 술을 마십니다. 이때 등장하는 칵테일 역시 올드패션드였으며, 이 장면에서 이들은 아무 말 없이 마시기만 합니다. 테레즈가 캐롤이 시켜준 스크램블드 에그와 소시지를 먹는 동안 캐롤은 연달아 석 잔을 마시죠.

만남의 시작에도, 끝이 보이는 순간에도 두 여성에게는 올드패션드가 함께 있었습니다. 관계의 시작과 끝을 함께하는 공통적인 무엇인가가 있다는 것은 어떤 느낌일까요.

"My angel, flung out of space."

두 사람이 열렬히 사랑하던 순간, 캐롤은 테레즈에게 이렇게 말합니다. 해석하자면 '하늘에서 떨어진 나의 천사'라는, 연인이 서로에게 표현할 수 있는 지극히 사랑스러운 말이죠. 이 이야기를 듣는 순간 테레즈의 마음은 얼마나 두근거렸을지 모릅니다.

영화 《캐롤》의 후반부 장면에서는 캐롤을 떠난 테레즈가 어떤 파티에 참석하게 됩니다. 그곳에서 그녀는 다른 남성은 물론 매력적인 여배우와도 대화를 나누지만, 그 누구도 캐롤을 대신할 수 없다는 사실을 점점 더 깊이 깨닫게 되지요. 그러던 순간, 파티장에 은은하게 음악이 흐르기 시작합니다. 조 스태포드[Jo Stafford]의 《No Ohter Love》입니다. 제목만 보아도 테레즈가 앞으로 어떤 선택을 할지 예감할 수 있습니다. 여담이지만 이 노래가 참 아름다운데요. 어느 추운 밤, 사랑하는 사람과 함께 들으며 올드패션드를 마셔보길 바랍니다. 사랑이 가득한 밤이 되기를 바라며.

책바 레시피

: 재료

라이 위스키 45ml
데메라라 시럽 1tsp
앙고스투라 비터 2dash
오렌지 필
올드패션드 글라스

: 만드는 법

1 올드패션드 글라스에 라이 위스키와 데메라라 시럽, 그리고 앙고스투라 비터를 넣는다.
2 재료가 차가워질 때까지 얼음과 함께 섞는다.
3 오렌지 필을 양손으로 잡고 트위스트하여 오일을 글라스 위에 뿌려준 뒤, 가니쉬로 글라스 가장자리에 장식한다.

맨해튼 X
유리열쇠

Author 대실 해밋

혹시 '하드보일드'라는 단어를 들어본 적 있으신가요?

하드보일드 Hard-boiled 는 글자 그대로는 '계란을 완숙하다'라는 뜻이지만, 문화예술의 맥락에서는 비정함과 냉혹함을 뜻하는 형용사로 사용하는 단어입니다. 감정에 휘둘리지 않고, 폭력적인 사건이나 어두운 현실을 냉정한 시선으로 묘사하는 문학 장르를 말하죠. 인물의 내면을 과도하게 설명하지 않고, 도덕적 판단을 유보한 채 행동만으로 인물을 그려냅니다.

현재는 추리 소설의 한 장르로 자리 잡은 하드보일드는 특히 1920년대에서 1950년대 무렵까지 미국에서 많은 사랑을 받았습니다. 금주법이 시행되고 범죄가 난무하던 그 시대에 마치 숙명처럼 등장한 셈이죠. 이 책에서도 소개할 레이먼드 챈들러가 이 장르를 대표하는 작가이며, 어니스트 헤밍웨이 역시 문체와 스타일에서 영향을 깊이 받았습니다.

하드보일드의 창조자로 일컬어지는 작가는 대실 해밋입니다. 그는 작가가 되기 전 당시 미국 최대의 사립 탐정 회사인 핑커턴 Pinkerton 에서 6년간 탐정을 했던 경험이 있습니다. 이 정도 경력이 있는 작가라면 하드보일드라는 장르를 창조할 만하죠. 그의 대표작은 『유리 열쇠 The Glass Key』입니다. 『유리 열쇠』는 대실 해밋 스스로도 최고로 꼽은 작품이며, 후대에 이르러서는 스칸디나비아 추리 작가 협회에서 수여하는 북유럽 추리문학상의 이름이 되었습니다. 뿐만 아니라 코엔 형제의 빼어난 영화 《밀러스 크로싱 Miller's Crossing》(1990)의 모티브가 되기도 했습니다.

주인공의 이름은 네드 보몬트입니다. 그의 직업은 딱히 명확하게 소개되지는 않는데요. 그저 외투와 장갑으로 무장하고 얼룩덜룩한

초록빛 시가를 태우며 여러 사람들을 만나 문제를 해결하는 인물입니다. 무뚝뚝하지만 행동력 있는 남자죠. 네드는 정치인 폴 매드빅과 가까운 사이로, 두 사람은 거의 형제처럼 지냅니다. 폴은 도시의 행정을 관리하는 인물이지만, 그 방식은 늘 양지와 음지를 넘나듭니다. 폴은 상원의원 헨리의 재선을 도우려 하고, 동시에 헨리의 딸 재닛을 사랑합니다. 폴에게는 오팔이라는 딸이 있는데요. 오팔은 아버지 몰래 헨리의 아들인 테일러와 데이트를 하는 관계입니다. (저는 이게 무슨 관계인가 싶어서 세 번 정도 읽은 뒤에서야 이해를 했습니다.) 그러던 어느 날, 테일러가 살해당합니다. 범인의 정체는 드러나지 않습니다. 이때 네드 보몬트는 자신에게 큰 돈을 빚진 버니 디스페인이 테일러에게 차용증을 써주었다는 사실을 알게 됩니다. 이 단서를 시작으로, 그는 사건의 전말을 추적하기 시작합니다.

  네드는 술을 참 좋아하는 인물입니다. 집에는 칵테일을 만들 수 있는 은색 셰이커가 있고 다양한 바에서 사람들을 만나며 술을 마시죠. 주로 마시는 술은 라이 위스키와 더블 스카치입니다. 확실히 주당이라고 볼 수 있는데요. 호텔에서는 벨보이에게 1파인트[1]짜리 라이 위스키를 방으로 보내달라고 요청하고, 바에서는 한 자리에서 더블 스카치를 석 잔 이상 마시기도 합니다. 더블 스카치는 일반적으로 두 배 분량의 스카치 위스키를 의미하므로, 오늘날 기준으로는 여섯 잔을 단번에 마시는 셈입니다. 얼마나 술을 좋아하는지 이제 감이 좀 오시죠. 그러던 그가 흔치 않게 칵테일을 주문하는 순간이 있습니다. 그는 어떤 칵테일을 주문했을까요?

---

[1] 473ml

네드 보몬트는 문지기와 잘 아는 사이인 듯 편하게 인사하고는 널찍한 식당 안으로 들어갔다. 남자 셋이 요란하게 연주하고 있었고, 열 명 남짓이 음악에 맞춰 춤을 추고 있었다. 테이블 사이의 통로를 지난 그는 무도회장을 빙 돌아 식당 한쪽을 차지하고 있는 바로 갔다. 바에는 그 이외에 아무도 없었다.

코에 모공이 잔뜩 있는 뚱뚱한 체격의 바텐더가 그를 맞아주었다.「어서 와, 네드. 오랜만에 왔군.」「어이, 지미. 얌전하게 지내느라 그랬지. 맨해튼 한 잔.」

바텐더가 칵테일을 만들기 시작했다. 연주가 끝나자, 어떤 여자가 날카로운 목소리로 외치는 소리가 들렸다.「보몬트 저 놈이랑 같은 곳에 있을 수 없어!」

네드 보몬트는 몸을 돌려 바에 몸을 기대었고, 바텐더는 세이커를 흔들다 말고 멈추었다.[2]

그가 선택한 칵테일은 맨해튼이었습니다. 어찌 보면 충분히 예측 가능한 주문이 아닐까 싶은데요. 왜 그런지는 이제 이야기해 보도록 하겠습니다.

맨해튼은 이름만으로도 알 수 있듯, 뉴욕 맨해튼에서 탄생했습니다. 워낙 오래된 칵테일이다 보니 그 탄생 배경에 대해서는 여러 가지 설이 존재합니다. 가장 널리 알려진 이야기는 1874년, 뉴욕 맨해튼 클럽[1865~1979]에서 열린 한 만찬 자리에서 비롯된 것입니다. 윈스턴 처칠

---

[2] 대실 해밋,「유리 열쇠」, 홍성영 옮김, 열린책들, 2020, p.239~240

의 어머니 레이디 랜돌프 처칠Randolph Churchill이 뉴욕 주지사 사무엘 틸든의 당선을 축하하기 위해 이 칵테일을 만들었다고 전해집니다. 하지만 이 설은 시간적으로 모순이 있습니다. 해당 만찬이 열렸다고 알려진 시점은 레이디 처칠이 윈스턴 처칠을 임신하고 세례를 받았던 시기와 겹칩니다. 이런 이유로 사실로 보기 어렵다는 지적도 있죠. 하지만 이외에도 맨해튼 클럽에서 만들었다는 주장은 여럿 있습니다. 1893년 <뉴욕선>, 1902년 <뉴욕타임스>, 1915년 <맨해튼 클럽의 공식 역사서>에는 모두 맨해튼이 맨해튼 클럽에서 탄생했다고 주장하는 내용이 담겨 있습니다. 또 다른 설은, 호프만 하우스[1882~1915]의 바텐더이자 작가인 윌리엄 멀홀William Mulhall의 증언에 기반합니다. 그는 1922년에 쓴 회고록에서 맨해튼은 1860년대 브로드웨이 근처에서 바를 운영하던 블랙Black이라는 인물이 만들었다고 주장했습니다. 과연 진실은 무엇일까요?

맨해튼의 재료는 위스키와 스위트 베르무트 그리고 앙고스투라 비터입니다. 위스키 중에서는 버번을 사용하는 경우도 있지만 일반적으로는 라이를 사용합니다. 그래서 평소에 라이를 마시던 네드 보몬트가 주문할 만한 칵테일이죠. 당연히 바텐더마다 레시피가 다른데요. 공통점이 있다면 위스키의 비율이 베르무트보다 높다는 것입니다. 맨해튼이란 칵테일은 기본적으로 묵직한 위스키의 맛을 달콤한 베르무트가 받쳐주는 풍미를 가졌습니다. 하지만 초기 맨해튼을 만들었던 바텐더들은 보다 달콤한 맛을 추구했나 봅니다. 가장 유명했던 맨해튼 클럽 메뉴에 따르면, 위스키와 베르무트의 1:1 비율에 검 시럽Gum Syrup[3]과 비터가 들어갑니다. 베르무트의 비율도 높은데 시럽까지 들어갔으니 꽤

---

3   아라비아 검(아카시아 나무의 결정화된 수액)을 첨가한 설탕 시럽

나 달콤한 맛이겠죠. 만드는 방법이 다른 경우도 있었는데요. 오늘날 맨해튼은 스터링[4]을 해서 만드는 것이 암묵적인 룰이지만, 이때는 셰이킹을 해서 만들기도 했습니다. 바텐더들의 교수로 불리는 제리 토마스도 셰이킹해서 만들었을 정도니 이때는 명백히 하나의 기법으로 존재한 셈입니다.

> Manhattan Cocktail.
>
> (Use a large bar glass.)
>
> Take 2 dashes of Curaçoa or Maraschino.
>
> 1 pony Rye whiskey.
>
> 1 wine-glass of vermouth.
>
> 3 dashes of Boker's bitters.
>
> 2 small lumps of ice.
>
> Shake up well, and strain into claret glass. Put a quarter of a slice of lemon in the glass and serve. If the customer prefers it very sweet use also two dashes of gum syrup[5].

그렇기 때문에 이 소설 속의 문장에서 바텐더가 셰이커를 흔들었다는 묘사는 충분히 등장할 만합니다. 스터링을 통해 만드는 기법과 셰이킹을 해서 만드는 기법의 가장 큰 차이는 액체의 희석되는 정도와

---

[4] Stir: 액체를 믹싱글라스에 넣고 얼음과 함께 저어서 만드는 방법. 그 유명한 '젓지 말고 흔들어서'의 원문이 'Shaken, Not Stirred'입니다.

[5] Jerry Thomas, 『The Bar-Tender's Guide』, 1887

온도 차이인데요. 스터링을 하면 천천히 희석되면서 차가워지며, 셰이킹을 해서 만들면 얼음이 빠르게 녹아 급격히 냉각된다는 특징이 있습니다. 맨해튼은 베이스 스피릿의 풍미를 또렷하게 전달하면서도 매끄러운 질감과의 조화를 중시하는 칵테일이기에, 시간이 흐르며 스터링이 정석으로 자리 잡게 되었습니다.

맨해튼은 개인적으로 가장 만들기 어려웠던 클래식 칵테일입니다. 원하는 맛을 찾기까지 얼마나 많은 시행착오를 겪었는지 모릅니다. 국내의 바는 물론, 해외여행이나 출장을 갔을 때도 어김없이 맨해튼을 주문하며 각 바의 레시피를 유심히 살펴보고 연구했습니다. 그렇게 오랜 시간 고민한 끝에, 요즘은 두 가지 버전으로 레시피를 정착시켰습니다. 맨해튼의 주재료인 위스키와 스위트 베르무트 모두 제가 주로 사용하는 브랜드가 있지만, 이따금 국내에서 수급이 어려운 경우도 있어 차선책도 항상 준비해 두고 있습니다.

첫 번째 옵션은 라이 위스키와 스위트 베르무트만 이용해서 만드는 방법입니다. 이럴 경우에는 대체로 불렛 라이^{Bulleit Rye}와 안티카 포뮬라^{Antica Formula}를 사용합니다. 불렛의 두툼하고 스파이시한 풍미와 안티카 포뮬라의 깊은 맛이 잘 어우러집니다. 두 번째 옵션은 라이 위스키와 버번 위스키를 함께 사용하는 방법입니다. 이럴 때는 와일드 터키^{Wild Turkey} 라이에 버팔로 트레이스^{Buffalo Trace}를 더하고 친자노 로쏘^{Cinzano Rosso}를 사용합니다. 부드러운 와일드 터키에 버팔로 트레이스가 볼륨감을 더해주고 친자노의 깔끔한 맛까지 더해져 매력적인 맨해튼으로 만들어집니다.

맨해튼은 다양한 변주로도 유명합니다. 기존 레시피에서 라이 위스키를 스카치 위스키로 바꾸면 '롭 로이Rob Roy'라는 칵테일이, 드라이 베르무트를 스위트 베르무트와 동일한 양으로 넣으면 '퍼펙트 맨해튼Perfect Manhattan'이, 스위트 베르무트 대신에 아베르나Averna를 넣으면 '블랙 맨해튼Black Manhattan'이 됩니다. 그 외에도 다양한 버전의 맨해튼이 있으니 단골 바에 가시면 문의해 보세요. 물론 책바도 언제든지 환영입니다!

책바 레시피

: 재료-Ver.1
- 불렛 라이 50ml
- 안티카 포뮬라 20ml
- 앙고스투라 비터 2dash
- 오렌지 필
- 룩사르도 마라스키노 체리 1개
- 닉 앤 노라 글라스

: 재료-Ver.2
- 와일드 터키 라이 30ml
- 버팔로 트레이스 20ml
- 친자노 로쏘 20ml
- 앙고스투라 비터 2dash
- 오렌지 필
- 룩사르도 마라스키노 체리 1개
- 닉 앤 노라 글라스

: 만드는 법
1. 모든 재료를 차가운 믹싱 글라스에 넣고, 충분한 양의 얼음을 더한 뒤 얼음과 함께 부드럽게 스터링한다.
2. 차갑게 냉각한 닉 앤 노라 글라스에 따른 뒤, 마라스키노 체리를 칵테일 픽에 꽂아 가니쉬로 넣는다.
3. 오렌지 필을 트위스트하여 오일을 뿌린 뒤, 글라스 가장자리를 가볍게 닦아 마무리한다.

위스키 & 소다 X
그리고 아무도 없었다

Author 애거서 크리스티

여덟 명의 남녀가 각기 그럴듯한 이유로 외딴섬에 초대됩니다. 섬의 저택에는 이들을 맞이하는 집사 부부가 기다리고 있습니다. 고요한 섬, 매혹적인 저택, 완벽한 응대와 음식. 모든 것이 흠잡을 데 없어 보입니다. 하지만 저녁 식사 자리에서 이들 모두가 숨기고 싶은 과거를 지니고 있다는 사실이 드러나기 시작합니다. 각자 자신의 사연을 해명하던 중, 정체를 알 수 없는 사건이 벌어지고 첫 번째 희생자가 발생합니다. 맑았던 하늘은 이내 비바람으로 뒤덮이고, 섬을 둘러싼 바다에는 거센 파도가 몰아치죠. 외부와의 연결은 완전히 끊기고, 이들은 섬이라는 거대한 밀실에 갇힌 채, 하나둘 의문의 죽음을 맞이합니다. 사연 있는 이들이 고립된 공간 안에서 정체불명의 범인에게 차례로 목숨을 잃어가는 이야기. 이른바 '밀실 범죄'라는 개념은 애거서 크리스티의 대표작 『그리고 아무도 없었다』$^{And\ Then\ There\ Were\ None}$를 통해 대중적으로 알려졌습니다.

　1939년에 출간된 이 소설은 세계에서 가장 많이 판매된 책 중 하나로 손꼽힙니다. 누적 판매 부수가 1억 부를 넘는다고 하니, 지금 이 글을 쓰는 저로서도 참 부러운 사실입니다. 동시에 이 작품은 세계 3대 추리 소설 중 하나이면서, 저자인 애거서 크리스티 본인이 가장 좋아하는 작품 1위이기도 합니다. 어릴 적 좋아했던 『명탐정 코난』과 『소년탐정 김전일』의 여러 에피소드 역시 이 작품에서 영감을 받아 탄생했죠. 만약에 전 세계인이 추천하는 '죽기 전에 반드시 읽어야 할 책' 리스트가 있다면 높은 확률로 들어갈 것 같습니다. 이야기의 구성은 정교하고, 인물들의 심리묘사는 매우 탁월합니다. 몰입해서 읽다 보면 어느 순간 혼자 있는 것이 조금 무서울 만큼 서늘한 긴장감에 휩싸일지도 모릅니다. 물론, 범인을 추측하는 재미도 놓칠 수 없겠죠.

저택에 머무는 열 명의 인물은 다음과 같습니다. 런던의 저명한 의사 에드워드 암스트롱, 고집스럽지만 도덕관념이 강한 노부인 에밀리 브렌트, 사립탐정 윌리엄 블로어, 전직 가정교사 베라 클레이손, 전직 군인 필립 롬바드, 퇴역 장군 존 맥아더, 부유한 집안 출신의 청년 앤터니 매스턴, 그리고 저택의 집사 로저스 부부와 은퇴한 판사 로렌스 워그레이브입니다. 이들 모두는 과거에 누군가를 죽음으로 이끈 비밀을 하나씩 간직하고 있습니다. 그중에는 의도적으로 살인을 저지른 이들도 있고, 우연이나 방관이 죽음으로 이어진 이들도 있죠. 하지만 공통점이 있다면, 그 누구도 법적으로 처벌받지 않았다는 것입니다. 누군가가 물에 빠졌을 때 도와주지 않았다는 이유만으로 법적 책임을 물을 수는 없으니까요. 그렇게 각자만이 알고 있던 비밀은 어느 순간, 저택 내 축음기를 통해 모두에게 폭로됩니다. 조용하고 우아하던 저택의 분위기는 순식간에 긴장과 불신으로 가득 차오르고, 이제 각자의 해명 시간이 찾아옵니다. 그중에는 억울함에 목소리를 높이는 사람도, 감정이 달아올라 열기를 식히려 애쓰는 이도 있었을 겁니다.

그중에서도 앤터니 매스턴은 과속 운전을 하다 갑자기 튀어나온 어린아이들을 치어 숨지게 한 과거가 있습니다. 그러나 그는 그 일에 대해 전혀 죄책감을 느끼지 않았고, 그저 자신에게 닥친 불운으로 여깁니다. 그는 사건을 해명하며 감정을 추스르기 위해 잔에 위스키와 소다수를 따라 한 모금 길게 들이킵니다. 탄산이 들어간 음료는 알코올 여부를 떠나 순간적으로 기분을 환기시키는 데 효과적이기 때문이죠.

하지만 그는 너무 급하게 들이켰습니다. 이내 얼굴이 일그러지고, 마치 사레라도 든 듯 시뻘겋게 달아오릅니다. 숨을 헐떡이던 그는 이내 의자에서 굴러떨어집니다. 그가 마셨던 잔에는 청산가리가 들어 있었습니다. 이후의 이야기는 더 깊고 치밀하게 전개되는데요. 이야기를 이어가고 싶지만 여기까지만 하겠습니다. 결말과 범인의 정체가 궁금하시다면 한번쯤 읽어보시길 추천합니다.

이렇게 소설 속 배경 당시에는 오늘날처럼 위스키와 소다수를 함께 마시는 문화가 자리잡고 있었습니다. 1800년대 영국에서는 원래 브랜디에 소다수를 곁들여 마시는 방식이 일반적이었지만, 나폴레옹 전쟁으로 브랜디 공급이 중단되면서 그 자리를 위스키가 대체하게 되었죠. 이처럼 스카치 소다는 영국에서 자연스럽게 탄생한 조합이었고, 미국으로 건너가서는 이를 하이볼Highball이라 부르며 즐겼습니다. 하이볼이라는 이름의 기원으로는 1890년대 뉴욕의 바텐더 패트릭 개빈 더피Patrick Gavin Duffy가 처음 만들었다는 설이 가장 유력합니다. 그는 철도 신호 체계에서 사용하는 동명의 용어를 차용했는데, 기차 노선 옆 기둥 위에 공이 올라가 있으면 기관사에게 속도를 높이라는 신호였다고 합니다. 빠르고 효율적으로 제공되는 칵테일이라는 이미지와 맞아떨어졌기에, 이 명칭이 선택되었을 것이라는 해석이죠. 칵테일 역사가 데이비드 원드리치David Wondrich에 따르면, 1900년대까지 하이볼은 미국에서 가장 세련된 음료로 꼽혔다고 합니다. 그 유행이 100년이 훌쩍 지난 요즘에 다시 돌아온 것을 보면 참 흥미롭기만 합니다. 또한 영국인과 미국인의 국민성 차이도 엿볼 수 있는데요. 영국은 단순하게 재료의 조합 자체를 이름에 담는 실용적인 방식을 선호한 반면, 미국은 은유적이고 상징적인 표현을 통해 음료에 이야기를 부여했습니다. 또한 미국에서는 얼음이 선택 사항이었으나 영국에서는 주로 얼음 없이 마셨다고 전해집니다. 그렇다면, 앤터니 매스턴이 마셨던 그 스카치 소다 한 잔에도 얼음은 없었을 가능성이 높습니다.

    책바에서는 다양한 형태로 스카치 소다를 제공하고 있습니다. (물론 요즘 스타일대로 얼음을 함께 넣어서 만듭니다.) 고객으로 하여금 취향에 맞게 위스키를 선택할 수 있도록 도와드리는데요. 장마철처럼 축축하고 후덥지근한 날씨일 때 특히 추천하는 방법이 있습니다. 라프로익이나 아드벡과 같은 스모키한 피트 위스키를 잔에 따르고, 얼음을 채운 다음 탄산수를 채웁니다. 이렇게 하면 얼음이 잔 위에 둥둥 뜨게 되는데요. 얼음 위에 통후추를 갈아서 뿌립니다. 후추의 알싸함과 피트 위스키의 스모키함이 어우러진 풍미가 축축한 날씨와 상당히 잘 어울릴 겁니다. 또 다른 하이볼에 대한 이야기는 다음 장에서 하도록 하겠습니다.

책바 레시피

: 재료

스카치 위스키 30ml

탄산수 90ml

하이볼 글라스

: 만드는 법

1 차갑게 냉각한 하이볼 글라스에 스카치 위스키를 따른다.
  (조금 더 상큼하게 마시고 싶을 경우 갓 짜낸 레몬 주스를 5ml 정도 넣는다.)

2 글라스에 얼음을 가득 채운 뒤, 차가운 탄산수를 천천히 붓는다. 탄산이 날아가지 않도록 바 스푼을 사용해 위아래로 조심스럽게 섞는다(술 용액과 탄산음료의 비중이 다르므로, 바 스푼을 회전시키기보다 수직으로 얼음을 살짝 들어 올리며 섞는 방식이 효과적이다).

커티삭 하이볼 X
1Q84

Author 무라카미 하루키

살다 보면, 꿈인지 생시인지 분간이 가지 않을 때가 종종 있습니다. 그럴 때 우리는 지금 이 순간이 현실임을 확인시켜 줄 무언가를 필요로 하게 되죠. 예로부터 사람들은 맨살을 꼬집어 느껴지는 고통을 통해 현실을 자각하곤 했습니다. 크리스토퍼 놀란의 영화《인셉션Inception》에서도 등장인물들은 각자 고유한 토템을 통해 꿈과 현실을 구분합니다. 자신만이 알고 있는 물리적 특징이나 움직임을 통해, 지금이 진짜인지 아닌지를 가늠하는 방식이죠.

어둑어둑한 밤, 밖에 나가서 고개를 들어 하늘을 보면 환한 달이 우리에게 인사를 건넵니다. 우리의 시야에서 달은 시기에 따라 다양한 모양으로 보이곤 하지만, 의심할 여지없이 개수는 단 하나입니다. 그렇기 때문에, 하나의 달이라는 것은 현실을 의미합니다. 하지만 두 개의 달이 떠 있는 세계가 있습니다. 무라카미 하루키의 장편소설『1Q84』의 세계입니다.

어떤 작가는 도입부만으로도 독자를 새로운 세계로 이끕니다.『1Q84』를 펼치자마자 이 문장을 마주치고는 얼마나 설렜는지 모릅니다. 바로 재즈 스탠다드 곡으로 알려진《It's Only a Paper Moon》의 가사인데요. 책바도 누군가에게 그런 공간이 되기를 바라는 마음으로 공간 입구에 문장을 써 붙여 두었습니다. 엘라 피츠제럴드의 감미로운 목소리로 가사를 음미하며 들어보시는 걸 추천합니다.

이 소설은 1984년을 배경으로 1Q84라는 세계에 우연히 들어간 아오마메와, 천부적인 재능을 가진 소녀 후카에리를 만나 기묘한 사건에 휘말리는 덴고의 이야기를 그립니다. 현실과 환상을 오가는 이들의 여정은 섬세하면서도 강렬한 서사로 독자를 끌어당깁니다. 총 세 권

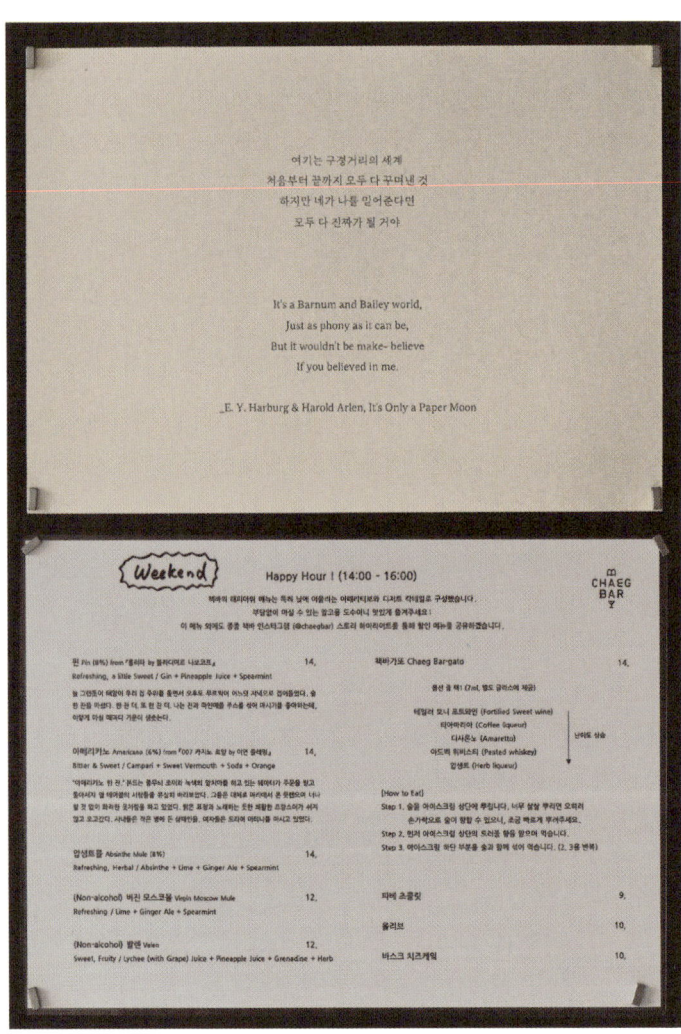

책바의 입구 게시판

으로 출간되었으며, 한국판 기준으로는 이천여 쪽에 이르는 방대한 양의 장편 소설이기도 합니다. 물론 시간 가는 줄 모를 정도로 몰입할 수 있기에 끝까지 읽을 만한 가치가 있답니다. 저는 이 책을 좀 늦게 읽었는데요. 2015년도에 처음 읽었으니, 발간된 지 무려 6년이 지난 후였죠. 책을 읽게 된 이유는 별 게 아닙니다. 한국에 출간되었을 즈음 종종 연락하며 지내던 친구가 저에게 이런 말을 했습니다.

"이 책을 읽으면서 덴고라는 인물을 보니 네가 생각나더라."

그 친구는 이유도 말해주지 않은 채, 이 한마디만 던졌습니다. 그 말을 들은 저는 소설의 내용과 덴고가 어떤 인물인지 궁금했지만, 당시엔 하루키에게 큰 관심이 없었기에 그냥 그런가 보다 하고 넘겼습니다. 그런데 이상하게도, 그 이후부터 서점에만 가면 그 책이 유난히 눈에 띄기 시작했습니다. 계속 눈에 밟히다 보니, 결국 읽지 않을 수 없었죠. 결론적으로 이 작품은 책바를 만들게 된 계기가 된 책 중 하나가 되었습니다.

어느덧 친구에게 그 이야기를 들은 지도 꽤 오랜 시간이 흘렀습니다. 이제는 저도 이 작품을 읽었기에, 그때 그가 왜 그런 말을 했는지 궁금해지더군요. 하지만 그냥 조용히 마음 한 켠에 간직해두기로 했습니다. 세상의 모든 궁금증을 꼭 다 풀어야 할 필요는 없으니까요. 다만, 이 한마디는 여전히 제 머릿속을 떠나지 않고 맴돌고 있습니다.

'내가 하루키 소설의 주인공과 비슷하다.'

하루키의 소설을 읽어본 분들은 어느 정도 짐작이 갈 겁니다. 남자 주인공들의 특징이 대체로 비슷합니다. 대부분 외동이며, 여럿이 어울리기보다는 혼자 또는 소수가 함께 지내는 것을 선호합니다. 어렸을 적에 어떤 결여를 경험했거나 트라우마를 지니고 있습니다. 클래식과 재즈를 듣고, 책을 읽고 술 마시는 걸 좋아합니다. 덴고 역시 다른 하루키 소설의 주인공들과 유사한 성향을 지니고 있어요. 분명 저와 비슷한 부분이 있는 것 같아 신기합니다. 또다른 주인공인 아오마메는 평소에는 체형 교정 강사이지만, 때때로 청탁받아 사람을 죽이는 킬러입니다. 물론 아무나 죽이는 것은 아닙니다. 여성에게 폭력을 가했거나 큰 상처를 입혔던 남성이 대상입니다.

『1Q84』는 덴고와 아오마메의 시점이 번갈아 진행됩니다. 덴고와 아오마메는 어렸을 적 같은 반에 있었지만, 아오마메가 전학을 가면서 멀리 떨어지게 됩니다. 그들은 거리는 멀리 떨어져 있어도 서로 연결되어 있다는 막연한 느낌을 가지고 살아가고 있습니다.

어느 날, 아오마메는 평소처럼 청탁을 받고 어떤 남성을 죽입니다. 그녀에게는 사람을 죽인 뒤에 실천하는 '일종의 의식'이 있는데요. 집에 들어가 잠들기 전에, 고조된 신경을 풀기 위해 술을 마십니다. 더불어 함께 밤을 보낼 수 있는 남자를 발견한다면 금상첨화죠. 그녀가 아카사카의 어느 호텔 바에 들어가자, 냇 킹 콜의《스위트 로레인》[Sweet]

《Lorraine》 연주가 들려옵니다. 느긋하게 시간을 보낼 예정이니 롱드링크[1]인 진 토닉을 주문하고 주위를 둘러보며 잠자리를 함께할 남자를 물색합니다. 그녀가 찾는 남자는 어떤 특징이 있습니다. 중년의 나이에 머리카락이 약간 남아 있고, 숀 코너리처럼 두상이 아름답고 섹시해야 합니다. 무엇보다도 성적으로 덤덤하지 않아야 하죠. 아오마메는 자신의 파트너를 찾기 위해 남자들이 마시는 칵테일을 슬쩍 봅니다. 칵테일 취향은 성적 취향을 알아내기에 적합한 수단이기도 하거든요.

바텐더가 메뉴와 물수건을 들고 오자 남자는 메뉴는 볼 것도 없다는 듯 스카치 하이볼을 주문했다. "원하시는 브랜드가 있습니까?" 바텐더가 물었다. "딱히 원하는 건 없어. 아무거나 괜찮아요." 남자는 말했다. 조용하고 침착한 목소리였다. 간사이 사투리가 슬쩍 잡힌다. 그러더니 남자는 문득 생각난 듯 커티삭이 있느냐고 물었다. 있다고 바텐더는 말했다. 나쁘지 않아, 아오마메는 생각했다. 그가 선택한 게 시바스 리걸이나 까다로운 싱글몰트가 아닌 점이 마음에 들었다. 바에서 필요 이상으로 술의 종류에 집착하는 인간은 대개의 경우 성적으로 덤덤하다는 게 아오마메의 개인적인 견해였다. 그 이유는 잘 모른다.[2]

아오마메는 하룻밤의 파트너로 옆 좌석에서 커티삭 하이볼을 주문하는 중년 남성을 선택합니다. 그리고는 그의 시선을 끌기 위해 같

---

[1] 양이 많고 알코올 도수가 낮아 오랜 시간동안 마실 수 있는 칵테일을 의미합니다. 하이볼 글라스처럼 긴 글라스에 진, 위스키와 같은 증류주와 주스, 탄산음료와 같은 논알코올 음료를 섞어 만듭니다. 대중적인 롱드링크로 하이볼과 진 토닉이 있습니다.
[2] 무라카미 하루키, 「1Q84 1권」, 양윤옥 옮김, 문학동네, 2009, p.123

은 브랜드인 커티삭을 온더락스 스타일로 주문합니다. 그렇다면, 수많은 스카치 위스키 중에서 왜 하필 커티삭이었을까요?

커티삭Cutty Sark은 1923년, 런던에서 탄생한 스카치 위스키입니다. 영국에서 가장 오래된 주류 유통회사인 베리 브라더스 앤 러드Berry Bros. & Rudd와 스코틀랜드의 예술가 제임스 맥베이James McBey가 의기투합하여 만든 브랜드로, 당시로서는 획기적인 가볍고 부드러운 스타일의 위스키를 목표로 했습니다. 브랜드명은 19세기 가장 빠른 범선 중 하나였던 '커티삭'호에서 따왔습니다. 이들은 처음부터 세계 시장, 특히 미국 시장 진출을 염두에 두고 있었습니다. 하필 당시 미국은 금주법 시행 중이었는데요. 그래도 마실 사람은 다양한 방법을 통해 몰래 마셨습니다. 스피크이지 바$^{Speakeasy\ Bar}$ 같은 은밀한 술집 문화가 생겨났고, 커티삭도 이 틈새를 파고듭니다. 당시 해상 밀수로 유명했던 빌 맥코이 선장은 미국 연안에서 커티삭을 밀수업자들에게 건네주었고, 그의 '가짜 술은 절대 취급하지 않는다'는 철칙 덕분에 커티삭은 '리얼 맥코이$^{The\ Real\ McCoy\ 3}$', 즉 진짜 위스키라는 별명을 얻습니다. 가짜 위스키가 성행하던 금주법 시대에 커티삭이 정직한 위스키의 상징으로 등극한 것이죠. 커티삭은 깔끔하고 부드러운 맛으로 이내 위스키 팬들의 마음을 사로잡습니다. 시간이 흘러, 1961년에는 미국에서 최초로 백만 상자 판매를 달성한 스카치 위스키가 되었습니다.

커티삭의 대표 제품은 커티삭 오리지널입니다. 커티삭이라는 이름을 들으면 가장 먼저 떠오르는, 바로 그 노란 라벨의 제품이죠. 꽃봉오리 모양의 위스키 잔에 따르면, 옅은 금빛 액체에서 은은한 과일 향과 꽃향기가 피어오릅니다. 입안에서는 부드러운 바닐라 풍미가 느껴지고, 질감 또한 매우 매끄럽고 순한 편이죠. 그렇기 때문에 위스키 입문자도 부담 없이 즐길 수 있습니다. 아오마메가 이 남자를 선택한 이유도 바로 여기에 있을지 모릅니다. 까다롭지 않지만 분위기를 지닌 위스키. 그런 위스키를 마시는 남자라면, 역설적으로 성적인 기대를 품을 여지가 있다는 점에서 그녀가 세운 기준에 충분히 닿아 있었을 겁니다.

그렇다면 숀 코너리 두상의 남자가 마셨던 커티삭 하이볼은 어떤 칵테일일까요. 책바에서는 얼음 두 덩어리와 함께 커티삭과 탄산수를 1:3 정도의 비율로 따르고 레몬 필(껍질)을 깃털처럼 길게 잘라서 가

---

3   덕분에 리얼 맥코이는 진짜, 정품, 정통을 의미하는 관용어가 되었습니다.

니쉬로 넣습니다. 이렇게 만들면, 커티삭의 풍미에 레몬의 은은한 풍미가 더해져 아주 깔끔하고 상큼한 하이볼이 됩니다. 레몬 필을 통해 기포가 뿜어져 나오는 모습은 언제 봐도 아름답습니다. 탄산수로 채워진 커티삭 하이볼은 가벼운 첫 잔으로 마시거나 오랫동안 독서를 하면서 마시기에 적절한 선택입니다. 만약 무인도에 가서 매일 마실 수 있는 술을 하나만 선택해야 한다면, 수많은 후보들 중에서 커티삭 하이볼이 단연 유력한 우승 후보로 떠오를 것 같습니다. 맛을 떠나, 그만큼 질리지 않는 특징을 가지고 있기 때문이죠. 실제로도 아오마메의 가설은 적중했습니다. 그날 밤 그 남자는 그녀를 실망시키지 않았거든요.

커티삭 하이볼은 책바에서 가장 많이 사랑받는 칵테일 중 하나입니다. 주문하는 손님은 크게 두 부류예요. 가볍고 깔끔한 맛을 선호해서 주문하거나, 칵테일을 잘 모르더라도 앞서 인용한 문장이 적혀 있는 책바 메뉴판을 읽고 호기심에 선택한 경우입니다. 특히 후자의 문장은 누군가와 함께 왔을 때 상대방에게 자신을 어필할 절호의 기회가 될지도 모릅니다. 그중에서도 젊은 커플이 와서 주문한다면 아무래도 후자의 이유로 선택할 가능성이 높다고 생각했습니다. 그래도 어떤 이유일지 확인하고 싶은 마음이 가득했어요. 어느 날, 한 커플 중 남자 손님이 슬며시 다가와 미소를 지으며 주문하기에 침을 꾹 삼킨 뒤 질문했습니다.

"커티삭 하이볼은 어떤 이유로 주문하셨을까요?"
"그동안 제가 소주와 맥주밖에 안 마셔서 칵테일을 잘 몰라요. 어떤 칵테일을 주문할까 고민했는데, 이 문장을 읽어보니 너무 재미있잖아요. 여자 친구도 재밌어하고요."

"그래도 맛이 궁금하지 않으세요? 설명을 좀 해드릴까요?"

"네. 해주세요. 그런데 제가 예상한 맛이 아니더라도 이걸 선택할 것 같아요."

제 가설이 맞았습니다. 다행히 입맛에도 맞았는지, 그 커플은 올 때마다 커티삭 하이볼 한 잔은 꼭 마신답니다. 그때마다 저는 미소를 지으며, 정성 들여 커티삭을 따르고 탄산수를 채웁니다.

책바 레시피

: 재료

커티삭 오리지널 30ml

탄산수 90ml

레몬 필

하이볼 글라스

: 만드는 법

1 차갑게 냉각한 하이볼 글라스에 커티삭 오리지널을 따르고 얼음을 채운다.

2 얼음과 잔에 직접 닿지 않도록 차가운 탄산수를 천천히 붓는다.

3 바 스푼을 사용해 위아래로 조심스럽게 섞는다(술 용액과 탄산음료의 비중이 다르므로, 바 스푼을 회전시키기보다 수직으로 얼음을 살짝 들어 올리며 섞는 방식이 효과적이다).

4 길게 자른 레몬 필을 트위스트해 향을 입히고 가니쉬로 넣는다.

진 리키, 민트 줄렙 X
위대한 개츠비

Author 스콧 피츠제럴드

책바를 운영하다 보면, 당연하게도 손님들과 책 이야기를 나누는 일이 자주 있습니다. "책이 얼마나 좋으셨기에 책바까지 만드셨어요?"라는 질문을 받는 경우도 있고, 오히려 제가 먼저 묻는 일도 있습니다. 처음에는 책을 좋아하느냐는 질문에 자신 있게 그렇다고 대답했습니다. 어릴 적부터 서점과 도서관을 좋아했으며 이십 대부터는 독서 리뷰도 꾸준히 남겨 왔기 때문입니다. 이 기록은 인생의 가치관 형성에 영향을 끼쳐서, 이십 대를 마무리하는 겨울에는 이를 모아 한 권의 책으로 엮어 출간하기도 했죠. 그 이후로도 몇 권의 책을 출간했으니 나름 자부심을 가지고 대답할 만 했습니다.

하지만 이제는 더 이상 자신 있게 말하지는 못합니다. 그저 슬며시 웃으며, 조금 좋아한다고만 대답하죠. 그 이유는 이 지구상에 책을 깊이 좋아하는 사람들이 정말 많고, 그중에서도 술까지 좋아하는 분들이 바로 책바에 자주 오시는 손님이기 때문입니다. 한국의 독서 인구가 점점 줄어든다고는 하지만, 여전히 책덕들은 건재합니다. 이들과 이야기를 나누다 보면 제 밑천은 금세 드러나고, 자연스레 겸손은 점점 더 커지고 있죠. 그래서 요즘은 책에 대한 이야기를 나눌 때 말하기보다는 들으려고 노력하는 편입니다.

"지금까지 살아오면서 인생에 영향을 끼친 책이 무엇인가요?"

꽤 진부해 보일 수 있는 이 질문은 손님이 어떤 사람인지 짧은 시간 안에 파악하기 위한 목적으로도 종종 활용합니다. 때로는 대답에 맞춰 어울리는 칵테일이나 위스키를 권할 수도 있을 테니까요. 그런데,

이 질문을 처음 준비했을 때의 예상과는 조금 다른 대답이 나왔습니다. 고전 소설을 꼽는 손님의 비율이 의외로 높았던 것입니다. 아니, 많이 높았습니다. 수많은 자기계발서가 인생의 방향성을 단도직입적으로 제시해주지만, 정작 우리의 마음에 오래 남는 책은 타인의 삶을 들여다보며 자신을 돌아볼 수 있게 해주는 고전 소설이었죠. 우리가 왜 여전히 소설을, 그중에서도 고전을 읽어야 하는지 다시금 생각하게 되는 대목입니다. 사실 지금 이 순간, 제 머릿속에 가장 먼저 떠오르는 책도 『달과 6펜스』입니다. 물론 워낙 소중한 책들이 많다 보니, 며칠 지나서 다시 생각해 보면 달라질 지도 모르지만요.

그중에서도 『위대한 개츠비 The Great Gatsby』는 많은 분들이 인생 소설로 선택한 작품입니다. 미국을 대표하는 작가 스콧 피츠제럴드가 1925년에 출간한 이 소설은 지금까지도 전 세계 독자들에게 꾸준한 사랑을 받고 있습니다.[1] 이 글을 읽으며 동명의 영화가 먼저 기억나는 분들도 계실지 모르겠습니다. 보타이와 함께 슈트를 멋지게 차려입은 레오나르도 디카프리오가 마티니 글라스를 들고 세상을 다 품은 듯한 미소를 짓는 장면이 인상적인 영화이죠. 그렇다면, 왜 이토록 많은 사람들이 『위대한 개츠비』를 인생 책으로 꼽았을까요? 책바에서 손님들과 나눈 대화를 바탕으로 정리해보니, 이유는 의외로 명확했습니다. 제목 그대로, 개츠비가 위대하다고 생각하기 때문이었습니다. 그의 위대함은 사업 능력이 아니라, 모두가 이해타산과 욕망으로 사랑마저도 가볍게 여기는 시대에 단 하나의 사랑을 위해 모든 것을 걸었던 순수함에서 비

---

[1] 『위대한 개츠비』는 미국의 저명한 출판사인 모던 라이브러리가 선정하는 '20세기 최고의 소설'에서 실무진이 선정한 2위, 독자들이 선택한 13위에 랭크 되었습니다.

롯된 것입니다.

1922년, 뉴욕 동쪽에 위치한 웨스트 에그의 어느 대저택에서는 매일같이 휘황찬란한 파티가 열립니다. 사회 각계각층의 사람들이 모여 술을 마시고 춤을 추며 이야기를 나눕니다. 그 당시 뉴욕은 엄청난 경제 활황을 보내고 있었습니다. 월가는 끊임없이 부를 축적했고, 금주법[2]은 역설적으로 밀주업자들을 백만장자로 만들었습니다. 사실 파티를 여는 주인공인 제이 개츠비도 그 수혜를 입은 경우였죠.

개츠비는 과거 군 복무 중에 만났던 데이지를 오랫동안 잊지 못하고 있습니다. 제대 후 그녀를 다시 만나기 위해 엄청난 부를 축적했고, 혹시라도 마주칠 수 있을까 싶은 마음에 매일 화려한 파티를 엽니다. 때때로 강 건너편 그녀의 집으로부터 비치는 녹색 불빛을 한참 동안 응시하기도 하지요. 이렇게 많은 노력 끝에, 결국 데이지에게 자신의 존재를 알리게 됩니다. 하지만 그녀는 이미 결혼한 상태였습니다. 그래도 데이지를 향한 개츠비의 불꽃 같은 마음은 여전하며, 웬일인지 그녀 또한 그에게 어느 정도 호감을 가지고 있는 것 같기도 합니다.

어느 날, 데이지와 그녀의 남편인 톰 뷰캐넌이 개츠비와 작중 화자인 닉 캐러웨이를 집에 초대합니다. 집에는 데이지의 친구인 조던 베이커까지 포함하여 총 다섯 인물이 모였습니다. 톰은 예전부터 개츠비가 영 탐탁지 않았습니다. 아마도 동성의 직감으로 개츠비에게서 풍기는 수상한 뉘앙스를 알아챘을 터입니다. 때마침 날씨는 무더웠고, 이렇게 긴장감이 고조되는 상황까지 더해져 모두의 몸에서 땀이 흘러내립

---

[2] 수정헌법 제18조에 따라 1920년에 비준되어 1933년까지 효력을 발휘했던 법입니다. 하지만 밀주 제조로 인한 갱단이 대두된 계기이기도 하며, 밀주에 들어있는 메틸알코올을 마시다 죽는 사람들이 발생하는 등 갖가지 부작용이 발생하게 되어 결국 폐지됩니다.

니다. 갈증 나는 상황을 풀어줄 시원한 음료가 필요했을 거예요. 그때 데이지가 톰에게 시원한 음료를 만들어 달라고 부탁합니다.

> 엄격히 훈육을 받은 그 아이는 내키지 않는 듯 힐끔 돌아보더니 보모의 손을 잡고 밖으로 나갔고, 바로 그때 톰이 얼음이 가득 차 찰랑거리는 진 리키 네 잔을 받쳐 들고 들어왔다.
> 개츠비는 자기 잔을 집어 들었다.
> "정말 시원해 보이는데요." 그는 눈에 띄게 긴장한 표정을 지으며 말했다.
> 우리는 게걸스럽게 단숨에 쭈욱 들이켰다.[3]

톰이 이들을 위해 준비한 칵테일은 진 리키Gin Rickey입니다. 진 리키에 대해 설명하기 앞서 먼저 조 리키Joe Rickey라는 인물에 대해 이야기해 보겠습니다. 조 리키는 19세기에 태어난 남부 연합군 참전용사 출신의 로비스트였습니다. 경마, 포커, 담배 그리고 술에 진심인 사람이었죠. 그는 자신이 소유한 워싱턴 D.C.의 바 슈메이커스Shoomaker's에서 바텐더 조지 윌리엄슨에게 자신만의 레시피대로 칵테일을 만들어 달라고 요청합니다. 그가 제시한 재료는 단순했습니다. 위스키와 라임 주스, 얼음 몇 개 그리고 소다수면 충분했죠. 그는 "설탕이 들어간 음료는 혈액을 데우지만, 리키는 라임 주스가 혈액을 식혀 줘서 매우 유익하다"라고 말하고 다녔습니다. 이 말만 들어도 그가 술을 얼마나 진지하게 사랑했는지 짐작할 수 있습니다. 조 리키의 칵테일은 그가 워싱턴에 정착

---

[3] 스콧 피츠제럴드, 『위대한 개츠비』, 김욱동 옮김, 민음사, 2003, p.174

했던 1883년경부터 <워싱턴 포스트>에 동명의 칵테일로 소개된 1889년 사이에 만들어졌고, 이후 뉴욕을 거쳐 전 세계로 퍼져나가게 됩니다.

하지만 머지않아 더욱 사랑받는 새로운 레시피가 등장합니다. 바로 위스키 대신 올드 톰 진 Old Tom Gin [4]을 사용한 진 리키입니다. 진 특유의 청량하고 가벼운 풍미 덕분에, 진 리키는 원조인 조 리키보다도 훨씬

---

[4] 18세기 영국에서 인기있던 진으로. 런던 드라이 진보다 달콤하고 네덜란드의 쥬니버보다 드라이합니다.

더 상쾌한 인상을 주는 칵테일로 많은 사랑을 받게 됩니다. 무더위와 긴장감이 감도는 톰과 데이지의 집의 열기를 낮추는 데에도 진 리키가 제격이었을 겁니다. 그야말로 게걸스럽게 단숨에 쭈욱 들이킬 만하죠. 완벽한 바텐더 역할을 해냈던 톰처럼, 저도 벌컥벌컥 마실 수 있는 칵테일에 대한 질문을 받으면 진 리키가 가장 먼저 떠오릅니다. 책바에서는 보통 런던 드라이 진에 라임 주스를 넣고 앙고스투라 비터 한두 방울과 약간의 심플 시럽을 넣어준 뒤, 얼음과 함께 탄산수를 채워 마무리합니다. 처음에는 올드 톰 진 버전으로 만들기도 했지만, 결과적으로 런던 드라이 진에 시럽을 넣어준 버전이 조금 더 입맛에 맞아 지금의 방식으로 정착했죠. 물론 원하신다면, 올드 톰 진 버전으로도 기꺼이 만들어 드립니다. 진 리키는 그야말로 여름에 제격인 칵테일입니다. 한 모금만 마셔도 현장에 있던 인물들의 심정에 공감할 지도 모릅니다. 하지만 그날의 더위를 식히는 데 쓰인 칵테일은 진 리키만이 아니었습니다.

이들은 데이지의 제안으로 숨이 막힐듯이 더운 집을 떠나 뉴욕으로 향합니다. 톰의 손에는 1쿼트[5]짜리 위스키병이 들려 있죠. 도착지는 센트럴 파크 남쪽의 플라자 호텔, 그중에서도 스위트룸입니다. 방으로 향하는 길은 말 그대로 찜통 같았고, 묘사만 읽어도 손바닥의 땀샘이 열릴 것만 같은 더위가 전해집니다. 그리고 또 하나의 칵테일이 등장합니다.

우리는 플라자 호텔의 응접실 딸린 스위트룸을 하나 빌렸다.
그 방으로 몰려 들어갈 때까지 시간을 끌며 뭐라고 소란스럽게 입씨름

---

[5] 약 1ℓ이며, 미국 기준으로 0.946ℓ이고 영국 기준으로는 1.136ℓ입니다.

을 벌였는지 잘 기억나지 않는다. 다만 떠들어 대는 와중에 속옷이 축축한 뱀처럼 다리를 휘감고 가끔 땀방울이 등줄기로 서늘하게 흘러내린 것만은 아직도 기억에 생생하다. 욕실을 다섯 개 빌려 냉수욕을 하자는 데이지의 제안이 마침내 '민트 줄렙을 마실 만한 장소' 라는 보다 구체적인 형태로 발전했다.[6]

(중략)

데이지가 살짝 미소를 띠며 일어서서 탁자 쪽으로 걸어갔다.

"톰, 위스키나 따 줘요." 그녀가 명령하듯 말했다. "내가 민트 줄렙을 만들어 줄게요. 그걸 마시고 나면 당신 스스로 보기에도 그렇게 바보처럼 보이진 않을 거예요....... 어머, 이 민트 좀 봐!"[7]

톰에게 더위를 날려줄 칵테일이 진 리키였다면, 데이지에게는 민트 줄렙$^{Mint\ Julep}$이었습니다. 그 이야기를 하기 전에 먼저 줄렙^{Julep}에 대해서 짚어보겠습니다. 줄렙은 원래 약을 의미했습니다. 정확히는 약을 쉽게 복용할 수 있도록 감미료를 넣어 만든 달콤한 액체이죠. 어원은 페르시아어 굴랍^{gulāb}으로, 이는 장미수를 의미합니다. 900년경 페르시아의 내과의사 라제스가 그의 저서에 기록했을 때부터 1770년 외과의사 피터 톰슨이 처방할 때까지, 줄렙은 오랜 시간 약으로 존재했습니다. 하지만 18세기 말에 이르러 어느새 줄렙은 칵테일로 변모하기 시작합니다. 1793년 7월 영국 랭커셔의 목사 해리 톨민이 미국 남동부 버지니아에 머물렀을 당시, 그는 현지인들이 줄렙이라 부르며 럼과 물, 설탕

---

[6] 앞의 책, p.186
[7] 앞의 책, p.191

그리고 민트를 섞어 마시는 장면을 목격합니다. 줄렙이 본격적으로 칵테일로 거듭난 시점은 바로 미국의 얼음 산업이 발전했던 1810년대입니다. 그때부터 줄렙과 얼음, 이 조합은 떼려야 뗄 수 없는 관계가 됩니다. 초기 줄렙의 베이스는 럼이었지만, 점차 브랜디를 거쳐 위스키로 변화합니다. 브랜디의 헤게모니가 위스키로 넘어간 배경에는 미국 내 위스키 제조 기술의 발전과 더불어, 프랑스를 휩쓴 필록세라[8]로 인한 브랜디 산업의 쇠퇴가 있었습니다.

민트 줄렙이 대외적으로 알려지게 된 계기는 1938년, 세계에서 가장 유명한 경마대회 중 하나인 켄터키 더비Kentucky Derby에서 공식 음료로 지정되면서부터입니다. 1875년부터 시작된 켄터키 더비는 미국 켄터키주 루이빌의 처칠 다운스에서 매년 5월 첫째 주 토요일마다 열리며, 매년 약 12만 잔 이상의 민트 줄렙이 판매됩니다. 정말 어마어마한 양이죠. 그렇다면 데이지는 수많은 칵테일 중에서 어떻게 민트 줄렙을 제안하게 되었을까요? 바로 그녀의 고향이 켄터키주 루이빌이기 때문입니다. 상류층 가정에서 자란 데이지는 아마도 어렸을 적부터 자연스럽게 민트 줄렙을 접하고 즐겨 마셨을 겁니다. 그런데 이 장면을 조금 더 들여다보면, 한 가지 흥미로운 점이 있습니다. 『위대한 개츠비』의 작중 배경은 1922년이고 출간된 시점은 1925년입니다. 한편, 민트 줄렙이 켄터키 더비의 공식 음료로 지정된 시점은 1938년이죠. 즉, 데이지가 마시던 민트 줄렙은 공식 음료로 지정되기 이전부터 켄터키 지역에서 널리 사랑받던 칵테일이었다는 것을 보여줍니다. 결국, 민트 줄렙은 데이지에게 단순한 음료가 아니라 어린 시절과 고향을 떠올리게 하는 상징적 존재였던 셈이죠. 혼란스럽고 뜨거운 갈등의 순간 속에서, 그녀는 민트 줄렙 한 잔으로 위안을 얻고자 했을지도 모릅니다.

민트 줄렙을 만드는 방법은 다음과 같습니다. 버번 위스키와 데메라라 시럽, 앙고스투라 비터 그리고 스피어민트를 잔에 넣은 뒤 머들러로 부드럽게 빻아줍니다. 세 가지 재료가 골고루 섞이면 잘게 부순 얼음까지 넣고

---

[8] 진딧물의 일종으로. 원래 미국 포도나무에 기생하던 것이 유럽으로 건너간 이후 보르도를 중심으로 퍼지며 저항력이 없는 유럽 포도나무를 전멸시키다시피 했고. 자연스럽게 와인 산업도 큰 타격을 입었습니다.

아주 차가워지도록 섞어줍니다. 마지막으로 민트 몇 줄기를 툭툭 쳐서 향이 피어오르도록 만든 뒤 빨대와 함께 얼음 위에 장식하며 마무리합니다. 버번 위스키의 거칠고도 달큰한 맛이 스피어민트의 알싸함과 적절히 버무려져 빨대로 한 입 마시는 순간 바로 행복해질 겁니다. 술꾼에게는 그날의 피로가 해소되는 맛일지도 모릅니다. 참고로 알코올 도수는 꽤 높은 편이라서 술이 약한 분은 얼음을 녹이면서 천천히 마시는 것도 방법입니다. 물론 풍미가 희석되는 아쉬움은 있겠지요. 만약 이 글을 읽고 진 리키와 민트 줄렙을 모두 마시고 싶다면, 아무래도 깔끔한 진 리키 다음으로 좀 더 풍부한 맛의 민트 줄렙을 마시는 것을 권장합니다.

두 칵테일은 『위대한 개츠비』에서 더위를 해소해 주는 음료일 뿐만 아니라, 데이지를 사이에 둔 톰과 개츠비의 불 붙은 갈등을 잠시나마 식혀주는 역할도 했습니다. 또한 개츠비를 상징하는 색상인 녹색이 연상된다는 공통점이 있습니다. 진 리키에는 라임이, 민트 줄렙에는 스피어민트가 들어 있기 때문이죠. 데이지를 향한 개츠비의 열망을 상징하는 색상과 소설 속에 등장하는 칵테일의 색상이 같다는 점이 저에게는 흥미롭게 느껴졌습니다. 피츠제럴드는 꽤나 진지한 애주가였기에 무의식적으로 연결시켰을지도 모릅니다. 여러분의 생각은 어떤가요?

책바 레시피 _ 진 리키

: 재료-Ver.1
- 올드 톰 진 30ml
- 라임 주스 12.5ml
- 앙고스투라 비터 1dash
- 탄산수
- 라임 웨지
- 하이볼 글라스

: 재료-Ver.2
- 런던 드라이 진 30ml
- 라임 주스 12.5ml
- 심플 시럽 2.5ml
- 앙고스투라 비터 1dash
- 탄산수
- 라임 웨지
- 하이볼 글라스

: 만드는 법

1 차갑게 냉각한 하이볼 글라스에 런던 드라이 진, 라임 주스, 심플 시럽, 앙고스투라 비터를 넣고 가볍게 섞어준다. (올드 톰 진을 사용할 경우, 심플 시럽은 생략한다.)

2 글라스에 고르게 얼음을 채운 뒤, 탄산수를 조심스럽게 붓고 탄산이 날아가지 않도록 위아래로 조심스럽게 섞는다(술 용액과 탄산음료의 비중이 다르므로, 바 스푼을 회전시키기보다 수직으로 얼음을 살짝 들어 올리며 섞는 방식이 효과적이다).

3 라임 웨지를 가니쉬로 올려 마무리한다.

책바 레시피 _ 민트 줄렙

: 재료

버번 위스키 45ml

데메라라 시럽 10ml

앙고스투라 비터 1dash

스피어민트 5~7줄기

크러시드 아이스

빨대

실버 글라스

: 만드는 법

1 버번 위스키, 데메라라 시럽, 앙고스투라 비터, 스피어민트 3~4줄기를 실버(또는 스테인리스) 글라스에 넣고, 머들러로 잎을 찢지 않도록 주의하며 부드럽게 눌러 향을 추출한다.

2 글라스에 크러시드 아이스를 절반 정도 채운 뒤, 바 스푼을 사용해 아래에서 위로 섞으며 민트의 풍미를 고르게 퍼트린다.

3 크러시드 아이스를 돔 형태로 가득 채운 뒤, 손바닥으로 가볍게 쳐 향을 일으킨 스피어민트 2~3줄기를 가니쉬로 올려 마무리한다.

드라이 마티니 X
호밀밭의 파수꾼

Author 데이비드 셀린저

1980년 12월 8일 저녁, 뉴욕 맨해튼의 다코타 아파트 앞에서 한 사람이 총격을 받아 사망합니다. 당대 세계 최고의 인기를 얻고 있던 가수 존 레논입니다. 비틀즈의 리더였던 그는 그룹 해체 이후 아내 오노 요코와 함께 독립적인 작업을 이어가고 있었습니다. 사건 당일도 스튜디오 작업을 마치고 아내와 함께 귀가하던 길이었죠. 아파트 입구에 도착한 순간, 괴한이 그를 향해 총을 쏘았습니다. 괴한의 이름은 마크 채프먼으로, 존 레논의 열성 팬이자 정신 질환을 앓고 있던 인물이었습니다. 당시 그의 소지품 중에 한 권의 책이 있었습니다. 바로 제롬 데이비드 셀린저의 소설 『호밀밭의 파수꾼The Catcher in the Rye』입니다. 책 안쪽에는 그가 자필로 남긴 문구가 남겨져 있었죠. "To Holden Caulfield, From Holden Caulfield, This is my statement.[1]" 현실과 허구, 정신병과 상징 사이에 선 채 저질러버린 비극이었습니다.

　어렸을 적, 저는 부모님을 걱정시키던 아들이었습니다. 집 안에 있는 것보다 밖에서 노는 걸 좋아했고, 걸어다니기보다는 뛰어다니고는 했죠. 그러다 보니 예기치 않게 다치는 일도 잦았습니다. 수영장에서 좋은 자리를 차지하려고 달리다가 미끄러져 턱이 깨졌고, 학교 테니스장에서 축구를 하다가 네트 걸이의 뾰족한 부분에 부딪혀 인중이 뚫리기도 했습니다. 그때마다 어머니가 놀라시던 모습은 수십 년이 지난 지금까지도 선명한 기억으로 남아 있습니다. 다행히도, 과학에 질량 보존의 법칙이 있다면 인생에는 말썽 총량의 법칙이 있는 것 같습니다. 그 이후로 별다른 말썽 없이 살아온 것 같거든요. 아, 사전 상의 없이 퇴사하고 책바를 시작한 일이 있긴 하네요. 그때는 아버지께서 뒷목을 잡으

---

[1] "홀든 콜필드에게. 홀든 콜필드로부터. 이것이 나의 선언이다."

셨습니다. 돌이켜보면 우리는 모두 어떤 식으로든 부모님의 속을 썩였던 말썽꾸러기들이었을지도 모릅니다.

유명한 세계 문학에서도 부모님의 속을 썩였던 대표적인 인물들이 있습니다. 16세기를 대표하는 인물이 로미오와 줄리엣이라면, 20세기에는 홀든 콜필드가 그 주인공입니다. 『호밀밭의 파수꾼』의 주인공인 그는, 동시에 존 레논 살해 당시 마크 채프먼이 책 속에 남겼던 이름이기도 합니다. 그렇다면 그는 어떤 인물이기에 범인이 자신과 동일시한 걸까요?

홀든은 열일곱 살의 남학생입니다. 다섯 과목 중 네 과목에서 낙제하며 퇴학당하는데, 심지어 이번이 처음도 아닙니다. 무려 다섯 번째 퇴학이죠. 그는 매사에 시니컬한 태도를 보이며 담배를 여러 갑 피우고 술을 마시려는 시도를 멈추지 않습니다. 싫어하는 것도 무척 많은데요. 누군가가 "행운을 빌어요$^{Good\ Luck}$"라고 말하는 것조차 우울해진다는 이유로 싫어할 정도입니다. 그야말로 반항의 아이콘이죠. 이러한 이유로 『호밀밭의 파수꾼』은 1961년부터 1982년까지 미국의 고등학교와 도서관에서 가장 많이 검열받은 책이었습니다. 하지만 아이러니하게도, 도서관 최다 대출 도서이자 7천만 부 이상의 누적 판매량을 기록하고, 출판사 랜덤하우스 선정 20세기 100대 영문학 작품에도 이름을 올렸습니다. 이쯤되면 아직 읽어보지 않은 분이라면 충분히 호기심이 생길 수밖에 없는 작품입니다.

"사람들은 왜 이렇게 이 책에 대해 열광을 하나요?"

실제로 많은 사람들이 의문을 품습니다. 극적인 사건이 발생하는 것도 아니고, 인생의 방향성을 제시하는 교훈적인 이야기 역시 아닌 것 같습니다. 하지만 곰곰이 들여다보면, 오히려 이런 점들이 이 작품의 매력이라고 볼 수 있습니다. 퇴학 이후 뉴욕에서의 2박 3일 동안 펼쳐지는 소소한 에피소드들을 통해 홀든 콜필드의 성격을 세밀하게 살펴볼 수 있는데요. 샐린저는 이 작품을 32세에 집필했지만, 마치 10대 시절의 일기를 그대로 옮겨 놓은 듯한 생생함이 느껴집니다. 청소년 특유의 반항심과 내면의 혼란 그리고 날카로운 관찰력이 작품 전반에 걸쳐 녹아들어 있어 감탄을 자아냅니다. 예를 들어, 누군가의 질문이나 요청에 대답은 "네."라고 하지만 속마음은 불만으로 가득 차 있는 장면들이 자주 등장합니다. 이러한 표현은 학생들에게는 깊은 공감을, 교사와 부모에게는 학생의 마음을 살펴볼 수 있는 단서를 제공합니다.

홀든이 바라본 세상은 위선으로 가득 차 있습니다. 그는 어른들의 말과 행동이 진정성 없이 느껴질 때마다 예리한 비판을 서슴지 않는데, 이 지점은 오늘날의 현실과도 놀랍도록 맞닿아 있습니다. 시대는 바뀌어도 인간의 본질은 크게 달라지지 않았음을 일깨워주죠.

지금까지 홀든의 이력과 에피소드를 바탕으로, 그의 가정 환경을 짐작해 볼 수도 있을 겁니다. 형편이 어려워 충분한 사랑과 교육을 받지 못했고, 그로 인해 삐뚤어진 성격이 되었나 싶기도 하죠. 하지만 현실은 정반대입니다. 그는 변호사인 아버지를 둔 유복한 가정 환경에서 자랐고, 형 D.B는 할리우드에서 시나리오를 쓰는 작가입니다. 무엇보다도 그는 사랑스러운 여동생 피비와 깊은 유대감을 나누는 인물이죠. 특히 피비와 나누는 대화를 통해서는 그의 진심을 엿볼 수 있는데요. 넓은 호밀밭에서 뛰노는 아이들이 절벽으로 떨어지지 않도록 지켜주는 파수꾼이 되고 싶다는 고백은 거칠게만 보였던 그의 내면에 따뜻한 이상이 자리하고 있음을 보여줍니다. 이처럼 복합적이고 입체적인 성격을 지닌 홀든 콜필드는 세계 문학사에서 가장 매력적인 캐릭터 중 하나로 꼽힐 만한 충분한 이유를 지니고 있습니다.

　　앞서 서술했다시피, 그는 미성년자임에도 술을 마시기 위해 끊임없는 시도를 합니다. 퇴학당한 이후 뉴욕으로 가는 기차 안에서 친구의 어머니를 우연히 만납니다. 이야기를 나누다가 그녀에게 칵테일을 한잔하자고 이야기합니다. 당연히 거절당합니다. 호텔에 데려다주는 택시 기사와 이야기를 나누다가 칵테일을 한잔하자고 합니다. 물론 거절당합니다. 뉴욕에 도착해 외로움을 느끼던 어느 늦은 밤, 과거 친구가 줬던 쪽지에 적힌 여자에게 전화를 걸어 칵테일 한잔하자고 이야기 합니다. 역시 거절당합니다. 그럼에도 그는 시도를 멈추지 않습니다. 엄청난 근성입니다. 이후 감시가 느슨한 술집에 가서야 드디어 스카치 위스키를 한 잔 마시게 됩니다. 스카치는 그가 차가운 다이키리 다음으로 좋아하는 술이죠.

　　그 이후 그가 술을 마시는 장소는 호텔 안에 있는 위커 바입니다. 홀든은 위커 바가 지나칠 정도로 세련된 곳으로 알려지면서 온갖 가식적인 인간들이 즐겨 다니기 시작했다고 생각합니다. 그가 이곳에서 만나는 인물은 예전에 학교를 함께 다니며 친하게 지냈던 칼 루스입니다. 아주 지적이면서도 동시에 변태적인 인물로 기억하죠. 칼 루스는 들어오자마자 홀든에게 인사도 없이 드라이 마티니를 주문합니다. 바텐더에게는 올리브를 넣지 말라는 말을 덧붙이며, 더욱 드라이하게 만들어달라고 요청합니다.

칼이 주문한 마티니는 아마도 세상에서 가장 유명한 칵테일 중 하나일 겁니다. 많은 분들이 한 번쯤은 마셔봤거나, 적어도 그 이름만큼은 들어보셨을 테죠. 하지만 흥미롭게도 마티니의 시작은 지금처럼 '드라이'하지 않았습니다.

마티니는 그 명성에 비해 기원이 다소 불분명합니다. 가장 널리 알려진 설은 캘리포니아의 마르티네즈^{Martinez}에서 처음 만들어졌다는 주장인데요. 이는 당시 갓난아이였던 노인의 회고에 의존하고 있으며, 세부적인 내용 역시 당시의 기록과 정확히 일치하지 않는다는 지적을 받습니다. 실질적으로 '마티니'라는 이름과 함께 레시피가 처음 문헌에 등장한 곳은 뉴욕입니다. 1884년 터프 클럽의 메뉴에 따르면, 초기 마티니는 올드 톰 진^{Old Tom Gin}[2]과 이탈리안 베르무트^{Italian Vermouth}[3]를 1:1 비율로 넣고 비터를 2~3방울 더해 저어서 만든 칵테일이었습니다. 칵테일 맨해튼의 레시피에서 베이스를 올드 톰 진으로 바꾼 형태라고 볼 수 있겠죠.

드라이 마티니는 1890년대 런던 드라이 진이 인기를 끌기 시작하면서 자연스럽게 등장하게 됩니다. 1896년경에는 이미 널리 퍼진 상태였으며, 당시 <뉴욕 헤럴드>지에 따르면 '드라이 마티니'라는 이름으로 불리는 칵테일은 지역과 바에 따라 서로 다른 세 가지 버전으로 제공되고 있었습니다. 그중 대표적인 예는 뉴욕 호프만 하우스의 헤드 바텐더였던 찰리 마호니^{Charlie Mahoney}의 레시피입니다. 그는 니콜슨 진

---

2 런던 드라이 진 이전에 탄생한 진으로, 보다 부드럽고 달콤한 특징을 가지고 있습니다.
3 대체로 붉은 색을 띤 스위트 베르무트를 의미합니다. 반대로 프렌치 베르무트는 투명한 드라이 베르무트를 의미합니다.

Nicholson Gin[4]과 프렌치 드라이 베르무트를 1:1 비율로 섞고 오렌지 비터스를 한 방울 떨어뜨린 뒤 셰이킹해 제공했습니다. 오늘날 스터링이 마티니 제조의 정석으로 여겨지는 것과 달리, 당시에는 셰이킹 방식이 보편적이었다는 점이 특히 흥미롭습니다.

  미국의 음주 문화는 꾸준히 발전을 거듭하다가 1920년 금주법이라는 커다란 전환점을 맞이합니다. 아이러니하게도, 마티니의 주재료 중 하나인 진은 이 금주법을 계기로 오히려 성장하게 됩니다. 영국의 증류업자들은 캐나다와 바하마로 진을 수출한 뒤 밀수 경로를 통해 이를 미국 내의 스피크이지 바에 공급했습니다. 그럼에도 술을 구하기 어려워진 사람들은 집에서 자체적으로 만들어 마시기 시작했고, 그중에서도 가장 많이 만들었던 술은 상대적으로 쉽게 만들 수 있는 진이었습니다. 이들은 산업용 알코올과 테레빈유를 사용해 욕조에서 진을 제조했는데, 이렇게 만들어진 결과물을 배스텁 진Bath Tub Gin이라고 불렀습니다. 금주법조차 꺾지 못한 진은 1933년 금주법이 폐지되자 본격적인 인기를 누리기 시작합니다. 1950년대에 이르러 미국에서는 점점 더 드라이한 칵테일을 선호하는 경향이 강해졌고, 이에 따라 마티니 레시피에도 변화가 발생합니다. 런던 드라이 진의 비율이 높아지고 드라이 베르무트의 비율은 줄어들게 되죠. (드라이 베르무트는 이름과 달리 어느 정도의 당분이 포함되어 있습니다.) 당시 미국에서는 마티니를 점심에 석 잔 정도 마시고, 저녁에도 집이나 바에서 몇 잔 더 마시는 것이 일반적이었다고 합니다. 낮에만 석 잔이라니, 바텐더인 저로서는 타임머신

---

4 1736년에 설립된. 영국에서 가장 오래된 런던 드라이 진 브랜드 중 하나로 최근 전통 레시피를 바탕으로 재출시되었습니다.

을 타고 들어가 관찰하고 싶은 풍경입니다.

마티니는 유명 인사에게도 사랑받으며 각자만의 개성이 담긴 변주로 탄생했습니다. 대문호이자 애주가로도 잘 알려진 헤밍웨이는 소설 『강 건너 숲 속으로 Across the River and into the Trees』에서 주인공 리차드 켄트웰 대령을 통해 자신의 취향을 드러냈는데요. 대령은 바에서 두 잔의 드라이 마티니를 주문하며, 이 말을 덧붙입니다. "몽고메리 스타일, 15:1로."[5] 오늘날 마티니는 바텐더의 스타일에 따라 진과 드라이 베르무트의 비율을 대체로 4:1에서 6:1 정도로 만듭니다. 6:1의 비율로 만들어도 아주 드라이한 마티니가 되는데, 하물며 15:1이라니. 아주 약간의 단맛도 거부하는 헤밍웨이의 취향을 엿볼 수 있는 장면입니다. 하지만 이보다 더한 사람도 있습니다. 바로 윈스턴 처칠입니다. 평소에 플리머스 진을 선호했던 처칠은 베르무트를 어느 정도로 넣어서 마티니를 만들면 되겠느냐고 묻자 이렇게 답했다고 합니다. "내가 마티니를 마시는 동안 베르무트를 바라보는 정도면 충분하지." 그는 차갑게 얼린 진을 스트레이트로 마시면서 드라이 베르무트 병을 멀리서 바라보기만 했다고 합니다.[6] 또 한 명의 흥미로운 인물은 물리학자 오펜하이머입니다. 그는 맨해튼 프로젝트[7] 시절 당시 저택에서 자주 모임을 열었으며, 그

---

[5] "Waiter," the Colonel called, then asked, "Do you want a dry Martini, too?" "Yes," she said, "I'd love one." "Two very dry Martinis," the Colonel said. "Montgomerys. Fifteen to one."

[6] 전 세계적으로 알려진 에피소드이지만, 힐스데일 칼리지 처칠 프로젝트(Hillsdale College Churchill Project)의 선임 연구원으로 활동 중인 역사학자 리처드 랭워스(Richard Langworth)에 따르면 허구라는 의견도 있습니다.

[7] 제2차 세계 대전 도중 미국이 주도하고, 영국, 캐나다 자치령이 참여한 핵무기 개발 계획. 극비로 진행되었으며, 미국은 세계 최초로 핵분열 반응을 이용한 원자폭탄을 개발하는 데 성공하였습니다.

때마다 시그니처 드라이 마티니를 대접했습니다. 그는 냉각한 잔의 가장자리를 꿀과 라임 주스 혼합물에 담근 뒤, 진 4온스[8]와 베르무트 1대시[9]를 섞어 자신만의 마티니를 만들었습니다. 입술이 림에 닿는 순간은 상큼하고 달콤했지만, 뒤이어 따라오는 칵테일은 아주 차가우면서도 드라이한 맛이었을 겁니다. 이처럼 그 당시에는 마치 경쟁이라도 하는 것처럼 많은 이들이 더욱 드라이한 마티니를 마셨습니다.

 책바에서는 보통 5:1의 비율로 드라이 마티니를 만듭니다. 보다 부드러운 뉘앙스를 원하시는 경우에는 4:1 비율로도 제공합니다. 기본적으로 사용하는 진은 탱커레이 넘버텐이며, 드라이 베르무트는 돌린 Dolin을 선호합니다. 냉각한 믹싱 글라스에 큼직한 얼음 덩어리 하나를 넣고, 냉장고에 차갑게 보관해 둔 진과 드라이 베르무트를 따릅니다. 믹싱 과정에서 가장 중요한 것은 '속도와 균형'입니다. 바 스푼으로 얼음을 일정한 속도로 스터링하여 재료들이 자연스럽게 섞이도록 합니다. 적절한 시간 동안 스터링한 후에는 스트레이너를 믹싱 글라스 상단에 고정시키고 높게 들어올려 마티니 글라스에 따릅니다. 마지막으로 두툼한 그린 올리브를 넣고 레몬 필을 글라스 위에서 살짝 짜내어 향을 더해 마무리합니다.

 마티니는 재료가 단순할수록 완성도를 높이기 어렵다는 법칙을 가장 잘 보여주는 칵테일입니다. 그만큼 바텐더의 세심한 감각과 손끝의 기술이 중요한 요소가 되죠. 저 역시 원하는 마티니 맛을 만들기 위해 많은 시행착오를 겪었습니다. 아직 100퍼센트는 아니지만 그래도

---

[8] Ounce, OZ: 약 30ml
[9] Dash: 약 1ml

이제는 일부러 마시러 오는 분들이 있을 정도로 꽤 인기있는 칵테일이 됐습니다. 드라이 마티니는 깔끔하고 강렬한 첫 인상과 함께 주니퍼 베리를 중심으로 한 허브 뉘앙스, 그리고 베르무트에서 오는 은은한 감칠맛이 특징입니다. 첫 모금을 마신 뒤 바로 이어서 올리브를 먹는 것을 추천합니다.

    그렇다면, 칼 루스가 마셨던 마티니는 어떤 맛이었을까요. 칼 루스 역시 더욱 드라이한 마티니를 탐닉했습니다. 올리브조차 넣지 말아달라고 했을 정도니, 한 치의 군더더기도 없는 아주 깔끔한 맛을 찾았던 것 같습니다. 그의 변태적인 성격과도 잘 어울립니다. 지금까지 다양한 레시피의 마티니를 소개했는데요. 여러분들도 여러 군데의 바를 방문하며 자신의 입맛에 맞는 드라이 마티니를 찾으실 수 있길 바랍니다. 물론 저는 그 바가 책바였으면 좋겠습니다.

책바 레시피

재료:

탱커레이 넘버텐 50ml
돌린 드라이 베르무트 10ml
그린 올리브
레몬 필
마티니 글라스

만드는 법:

1 차갑게 냉각한 믹싱 글라스에 탱커레이 넘버텐, 돌린 드라이 베르무트를 따르고 큼직한 얼음을 넣는다.
2 바 스푼을 사용하여 일정한 속도로 부드럽게 스터링한다. 재료가 잘 섞이고 적절한 희석(dilution)이 이루어지도록 젓는다.
3 스터링을 마친 뒤에는 믹싱 글라스를 들어서 냉각한 마티니 글라스에 조심스레 따른다.
4 칵테일 픽에 꽂은 올리브를 가니쉬로 올리고 레몬 필로 향을 더해 마무리한다.

베스퍼 마티니 X
007 카지노 로얄

Author 이언 플레밍

"좋아하는 영화가 어떻게 되세요?"

소개팅 자리부터 지인과의 대화, 그리고 바텐더와 손님의 대화까지, 우리는 인생에서 이 질문을 수없이 주고받습니다. 단순한 질문 같지만 누군가의 취향과 태도를 엿볼 수 있기에 그 답은 꽤나 많은 것을 내포합니다. 오히려 한 가지만 대답하라는 요청이 잔인하게 느껴질 때도 있습니다. 인생은 길고, 취향은 언제든 변할 수 있으니까요. 단 하나의 이미지로 각인된다는 건 결코 반갑지만은 않은 일이죠. 그래서 저는 대개 다섯 편 정도를 이야기하거나, 상대에게도 몇 작품으로 답해 달라고 묻습니다. 제가 이야기할 때는 매번 빠지지 않고 언급하는 작품이 있는데요. 바로 《007 카지노 로얄007 Casino Royale》(2006)입니다. 이 영화는 제가 007 시리즈에 입문하는 계기가 된 작품입니다. 이후 개봉한 시리즈는 물론, 과거의 작품들까지 찾아볼 만큼 깊이 빠져들었지만 《007 카지노 로얄》만큼 인상적인 영화는 없었습니다. 제임스 본드 역을 맡은 다니엘 크레이그가 어찌나 멋져 보였던지, 그가 영화 속에서 착용했던 오메가 씨마스터를 저도 따라서 구입하기도 했습니다. 대학 시절에 번 돈으로 처음이자 마지막으로 스스로에게 선물한 소중한 물건이었죠.

007 시리즈는 역대 가장 성공한 소설 원작 영화입니다. 팬으로서 당연히 원작 소설을 놓칠 수가 없었습니다. 『007 카지노 로얄』은 시리즈의 구조적 변화와 판권 문제로 인해 영화화가 가장 늦게 이루어졌지만, 정작 소설로서는 시리즈의 첫 번째 작품입니다. 이 기념비적인 책은 막상 구하기가 쉽지 않았습니다. 2006년과 2011년에 각각 출간된 한글판이 모두 절판된 상태였기에, 중고 거래를 통해 웃돈을 주고서야

겨우 손에 넣을 수 있었습니다. 전 세계적으로 수많은 독자에게 사랑받는 시리즈가 국내에서는 왜 이토록 조용했는지는 잠시 뒤에 자세히 이야기해보겠습니다.

작가의 이름은 이언 플레밍입니다. 그는 기자와 군인의 커리어를 거쳐 작가로 전향했으며, 007 시리즈를 통해 역사적인 존재로 자리매김했습니다. 2008년 영국 신문 <더 타임스>에서는 그를 전후 가장 위대한 영국 작가 14위로 선정하기도 했죠. 1908년에 태어난 그는 1929년 로이터 통신에 입사해 모스크바 특파원으로 활동하며 공산주의 체제의 실상을 직접 경험합니다. 1939년에는 영국 해군 정보국^{NID}에 합류해 특공대 작전을 기획하고 감독하는 역할을 맡습니다. 이와 같은 경력을 바탕으로 그는 1952년 첫 소설 『007 카지노 로얄』을 발표했고, 작품은 냉전 시대의 정서에 완벽히 부합하며 곧바로 큰 성공을 거둡니다. 한편, 당시 영국을 비롯한 서구 사회 전반에는 인종차별과 오리엔탈리즘이 뿌리 깊게 자리하고 있었습니다. 이언 플레밍 역시 007 시리즈 전반에 걸쳐 이러한 편견을 드러내는 표현을 서슴지 않았습니다. 영화화 과정에서는 시대적 감수성에 맞춰 해당 요소들을 각색을 통해 완화하거나 제거했지만, 원작 소설의 번역판에서는 그 한계가 분명하게 드러날 수밖에 없었습니다. 아마도 이러한 점이 국내 출판 시장에서 007 시리즈가 상대적으로 외면받았던 이유 중 하나일 것입니다. 다행히 『007 카지노 로얄』에서는 특별히 우려할 만한 문제는 발견되지 않았습니다.

로얄은 프랑스 북부 해안에 위치한 가상의 휴양 도시로, 도빌^{Deauville}과 르 투케$^{Le\ Touquet}$와 같은 고급 해변 마을에서 모티프를 얻었습니다. 전통적으로 프랑스 상류층이 즐겨 찾던 리조트 지역의 분위기를 바탕으로 설정된 공간이죠. 따라서 제목의 '카지노 로얄'은 바로 이 로얄 마을에 자리한 카지노를 지칭합니다.

  이야기는 제임스 본드가 르 쉬프르를 카지노에서 파산시키라는 임무를 부여받고 로얄에 도착하면서 전개됩니다. 르 쉬프르는 알자스 지방 좌익계 노동조합의 회계 책임자로 활동하는 인물이지만, 실상은 소련의 첩보 조직과 연계된 비밀 요원입니다. 그는 노동조합의 자금을 유용해 프랑스 전역의 매춘 조직을 매입하던 중, 프랑스 의회에서 매춘 금지법이 통과되며 큰 손실을 입게 됩니다. 이를 만회하고자 카지노 로얄에서 도박으로 자금을 회복하려는 계획을 세우죠. 영국 정보국은 그의 재정적 회복을 차단하고 조직의 와해를 유도하기 위해 제임스 본드를 파견합니다.

  제임스 본드는 대개 단독으로 작전을 수행하는 인물이지만 이번 임무에서는 각국 정보기관의 요원들과 협력하게 됩니다. 프랑스 정보국에서는 르 쉬프르의 지역 정보 수집을 위해 마티스를, 미국 중앙정보국^{CIA}에서는 현지 작전 협력을 위해 펠릭스 라이터를, 그리고 영국 정보국에서는 자금 담당관인 베스퍼 린드를 파견합니다. 본드는 카지노 로얄에서 펠릭스 라이터와 처음 조우하는데요. 펠릭스는 룰렛 테이블에서 본드의 조언 덕분에 상당한 금액을 따낸 직후였고, 흡족한 표정으로 본드에게 칵테일을 한잔 대접하고 싶다고 제안합니다.

그는 시종일관 사람 좋은 웃음과 시원시원한 목소리로 한껏 들뜬 사람 모양 떠들어댔다. 어쩌면 배짱이 맞는 사람일지도 모른다는 생각이 들었다. 본드는 바텐더의 얼굴을 보며 말했다.

"이분께는 헤이그앤헤이그 온더록스를 드리고 난 드라이 마티니로 주게. 길고 큰 샴페인 잔에 담은 걸로."

"네."

"잠깐만. 고든진 3에 보드카 1, 키나 릴렛을 2분의 1 섞은 후 얼음같이 차가워질 때까지 잘 흔들고는 얇게 자른 레몬 껍질을 넣어주게. 알겠지?"

"알겠습니다."

바텐더는 본드만의 칵테일 조제법을 제법 반기는 눈치였다.

"놀랍군요. 멋진 술이겠는데요."

라이터는 입을 열었다.

"음, 뭐랄까……? 축배가 필요할 때 마시는 저만의 특별한 칵테일이지요."

본드는 빙긋 웃으며 말을 이었다.

"저녁 식사 전에는 한 잔 이상은 안 마시지만 기왕 마시는 거 진한 것이 좋더군요. 거기다 차고 배합이 잘되어 있다면 금상첨화겠지요. 대충대충은 체질에 안 맞아서요. 특히 맛없는 건 딱 질색이지요. 기회가 되면 제 마티니에 좋은 이름을 붙여 특허라도 받을까 생각 중입니다. 어쨌든 제 발명품이니까요."[1]

---

[1] 이언 플레밍, 「007 카지노 로얄」, 강미경 옮김, 느낌이 있는 책, 2006, p.83~84

본드가 자신만의 시그니처 칵테일에 이름을 붙이고 싶다고 말하자, 펠릭스 라이터는 농담 섞인 어조로 '화염병^{Molotov Cocktail}'이라 부르자고 제안합니다. 이는 그날 오전 본드가 화염병 테러를 당할 뻔했던 사건을 은근히 언급한 것이었죠. 그러나 본드는 곧 진심을 담아 다른 이름을 선택합니다. 바로, 자신이 첫눈에 반한 여성의 이름을 따서 베스퍼^{Vesper}라 부르기로 한 것이죠. 이언 플레밍은 소설 속에서 베스퍼 린드의 외모를 무려 한 페이지에 걸쳐 묘사할 정도로 그녀의 아름다움을 세심하게 그려냅니다. 단순히 미인이라는 수준을 넘어, 본드를 포함해 그 장면을 읽는 독자들마저 매료될 수밖에 없을 정도입니다. 본드는 그녀의 이름을 따는 것에 앞서 정중하게 동의를 구하며 그 감정이 단순한 호감 이상임을 암시합니다.

"아, 베스퍼. 그 이름을 빌리고 싶은데 허락해주겠소?"

"이름을 빌리다니요?"

그녀는 무슨 말이냐는 듯 눈을 동그랗게 뜨고 물었다. 본드는 그녀의 표정이 귀엽다는 생각을 하며 자신만의 마티니에 대해 설명하기 시작했다.

"마셔보지 못해서 잘 모르겠지만 멋질 것 같네요."

"분명 그럴 거요. 아무리 생각해도 베스퍼[2]란 이름은 그 붉은 빛깔[3]의 술에 정말이지 잘 어울릴 것 같거든. 만에 하나 내 칵테일이 세계적으로 술꾼들의 사랑을 받게 된다면 당신에게도 명예로운 일 아니겠소? 아, 생각만 해도 어깨가 으쓱해지는군. 어떻소, 당신 생각은?"[4]

이언 플레밍의 예상은 적중했습니다. 베스퍼는 전 세계적으로 술꾼들에게 사랑받는 칵테일로 자리매김했기 때문입니다. 베스퍼는 본드가 처음으로 직접 고안해 이름을 붙인 칵테일이며, 마티니의 변주라고 볼 수 있습니다. 앞서 언급했듯이 전통적인 마티니는 진과 드라이 베르무트를 믹싱 글라스에 넣고 큼직한 얼음과 함께 스터링하여 차갑게 만듭니다. 하지만 미식과 주류에도 뚜렷한 취향을 지녔던 이언 플레밍은 본드라는 캐릭터를 통해 자신의 기호를 투영합니다. 1956년에 출간된 『다이아몬드는 영원히 Diamonds Are Forever』에서는 그 유명한 '젓지 말고, 흔들어서 Shaken, and not stirred'가 처음으로 등장합니다. 이 대사는 후일 영화 《골드핑거 Goldfinger》(1964)에 등장하며 본드를 상징하는 전설적인 대사가 되죠. 하지만 이보다 앞서 베스퍼는 이미 본드의 시그니처 칵테일로 등장합니다.

---

2 Vesper: 일몰 기간, 특히 저녁 황혼을 나타내는 단어
3 원문을 살펴보면 붉은 빛깔의 술이라는 표현은 역자의 의역입니다. 실제로 베스퍼 마티니의 색상은 아주 옅은 금빛의 투명한 색상에 가깝습니다.
   An idea struck him. 'Can I borrow it?' He explained about the special martini he had invented and his search for a name for it. 'the vesper' he said, 'it sounds perfect and it's very appropriate to the violet hour when my cocktail will now be drunk all over the world. Can I have it?'
4 앞의 책, p.97

베스퍼는 본드의 대사 그대로 고든 진$^{Gordon's\ Gin}$과 보드카에 키나 릴렛$^{Kina\ Lillet}$을 셰이커에 넣어 얼음과 함께 셰이킹한 뒤, 얇게 자른 레몬 필로 마무리하는 칵테일입니다. 여기서 조금 더 상세히 이야기할 재료는 보드카와 키나 릴렛입니다. 소설 속에서 본드는 바텐더에게 '감자로 만든 것 말고 곡식으로 만든 보드카'가 맛이 좋다고 이야기 합니다. 보드카의 주정은 곡물, 감자, 과일, 사탕무 등의 재료 중에 선택해서 만드는데요. 이 중에서 곡물로 만든 보드카는 대체로 깔끔해서 칵테일의 재료로 사용하기 좋고, 감자 보드카는 묵직하고 크리미해서 스트레이트로 마시기에 더 적합한 편입니다. 우리에게 익숙한 스미노프^{Smirnoff}, 앱솔루트^{Absolut}, 주브로브카^{Zubrówka}, 벨베데레^{Belvedere}, 그레이 구스$^{Grey\ Goose}$ 등은 모두 곡물을 주원료로 하여 베스퍼 마티니의 구성에 잘 어울리는 제품입니다. 바꿔 말하면, 대부분의 유명 보드카 브랜드는 베스퍼를 재현하는 데 손색이 없는 재료라고 할 수 있습니다.

키나 릴렛은 퀴닌^{Quinine}을 함유한 프랑스산 아페리티프 와인입니다. 퀴닌은 일명 키니네로 불리며, 과거 말라리아 치료에 사용되던 킨코나 나무 수액에서 추출한 알칼로이드 성분입니다. 특유의 쓴맛 덕분에 토닉 워터의 핵심 성분으로도 널리 활용되며, 키나 릴렛 또한 달콤하면서도 쌉싸름한 풍미를 지닌 것이 특징이었습니다. 하지만 1986년, 키나 릴렛은 오랜 전통의 레시피를 폐기하고 릴렛 블랑$^{Lillet\ Blanc}$이라는 이름으로 재탄생합니다. 이때 퀴닌 함량이 크게 줄어들면서, 보다 플로럴하고 부드러운 스타일의 아페리티프로 변화합니다. 이 변화는 클래식 칵테일의 원형을 고수해 온 바텐더들에게 적지 않은 혼란을 안겨주었습니다. 맛이 달라졌지만 동일한 브랜드인 릴렛 블랑을 사용할 것인가, 아니면 유사한 쌉싸름한 맛을 가진 새로운 술을 찾을 것인가. 바텐더는 한 잔의 칵테일에 자신의 철학을 담아야 하기에 둘 중 하나를 선택해야 했죠.

　이때 가장 유력한 대체재로 떠오른 것이 코키 아메리카노^{Cocchi Americano}입니다. 퀴닌 함량이 높아 키나 릴렛과 풍미가 유사하다는 평을 받습니다. 책바에서는 릴렛 블랑을 사용해오다가, 코키 아메리카노가 수입된 이후부터는 변경해서 베스퍼 마티니를 만들고 있습니다. 릴렛 블랑의 우아하고 부드러운 풍미도 물론 아름답지만 본드의 이미지와는 다소 간극이 있다고 판단했기 때문입니다. 물론 이는 어디까지나 해석의 차이이므로, 릴렛 블랑을 사용한 베스퍼도 하나의 훌륭한 선택지임은 분명합니다.

　베스퍼 마티니는 드라이 마티니의 강한 풍미에 익숙하지 않은 분들에게 좋은 대안이 될 수 있는 칵테일입니다. 첫 모금에는 깔끔하고 드라이한 인상이 강하지만, 이어지는 여운에서는 은은한 단맛이 느껴져 보다 입체적인 풍미를 경험할 수 있기 때문입니다. 책바에서는 마시는 내내 레몬의 향이 은은히 함께하도록, 레몬 필을 길게 잘라 가니쉬로 제공합니다. 베스퍼 마티니는 셰이킹 직후, 아주 차가운 상태에서 마시는 것이 가장 이상적인데요. 막 셰이킹하여 얼음처럼 차가워진 그 순간, 지체없이 한 모금 마셔 보시길 추천합니다.

책바 레시피

: 재료

고든 진 40ml
스미노프 레드 10ml
코키 아메리카노 10ml
레몬 필
마티니 글라스

: 만드는 법

1 셰이커에 고든 진, 스미노프 레드, 코키 아메리카노를 따른다.
2 재료가 차갑게 그리고 균일하게 섞이도록 간결하게 셰이킹한다. 과도한 셰이킹은 희석이 많이 발생할 수 있으므로 시간에 유의한다.
3 차갑게 냉각한 마티니 글라스에 따라낸 뒤, 길게 자른 레몬 필을 트위스트해 향을 더하고 가니쉬로 사용해 마무리한다.

압생트 마티니 X
면도날

Author 서머싯 몸

소설을 읽다 보면, 왠지 모르게 마음이 끌리는 등장인물을 만나게 됩니다. 그 인물에게 끌리는 이유는 다양합니다. 어쩌면 나와 닮은 점 때문일 수도 있고, 반대로 내가 감히 흉내 낼 수 없는 삶을 살아가는 모습 때문일 수도 있지요. 때로는 그 인물을 닮고자 자신의 삶을 조금씩 바꿔보려는 시도를 하기도 합니다. 이러한 동경의 밑바탕에는 인물이 지닌 뚜렷한 가치관이 중요한 역할을 합니다.

서머싯 몸은 20세기 초중반의 영국 문학을 대표하는 작가입니다. 1874년, 그는 파리 소재의 영국 대사관에서 근무하던 변호사의 아들로 태어났습니다. 어린 시절에는 문학과 철학에 관심을 가졌으며, 이후 킹스 칼리지 런던 의과대학을 졸업하고 의사 면허도 취득했습니다. 이후 그는 『인간의 굴레에서 Of human Bondage』, 『달과 6펜스 The Moon and Sixpence』, 『인생의 베일 The Painted Veil』 등의 작품을 통해 세계적인 작가로 자리매김하게 되죠. 이렇게 큰 성공을 거둔 작가가 말년에 한 편의 소설을 출간합니다. 1944년에 발표한 『면도날 The razor's edge』이란 제목의 책입니다. 저는 이 소설을 읽으며 유독 마음이 끌리는 한 등장인물을 만나게 되었는데요. 성공한 작가이자, 오랜 집필 활동을 통해 인간에 대한 깊은 통찰을 쌓아온 서머싯 몸. 그가 말년에 발표한 이 소설에서 창조한 인물은 과연 어떤 캐릭터였을까요?

『면도날』에서는 특이하게도 작가인 몸이 직접 화자로 등장합니다. 이야기를 시작하는 대목에서 자신이 이따금 만나 가까운 관계를 유지했던 한 남자를 회상한 내용이라고 밝히죠. 현실과 허구의 모호한 경계는 독자로서 더 흥미를 느끼게 하는 부분입니다.

몸은 엘리엇이라는 인물과 오랜 기간 관계를 쌓았습니다. 엘리

엇은 미국 출신의 50대 남성으로, 명예와 품위를 중시하며 사교에 많은 에너지를 쏟는 인물입니다. 이사벨은 엘리엇의 외사촌입니다. 아름다운 외모를 가진 매력적인 여성이며 물질적으로 풍요로운 삶을 추구하는 인물입니다. 그녀에게는 래리라는 연인이 있습니다. 두 사람은 제1차 세계대전 이전부터 연인 관계였으나, 전쟁 이후 래리의 가치관이 달라지며 관계의 양상 또한 변하게 됩니다. 그가 전쟁에서 친구가 죽는 장면을 목격한 뒤 삶의 본질에 대해 깊이 고민하게 됐기 때문이죠. 물질적인 성공보다는 영적 깨달음과 진리 탐구를 인생의 목적으로 삼습니다. 결국 이사벨과의 약혼을 파기하고 독일, 중국, 인도 등을 떠돌며 수도자적인 삶을 살아갑니다. 그동안 이사벨은 부유한 사업가의 아들인 그레이와 결혼하죠. 10년이라는 세월이 지나 이들은 다시 만나게 되는데요. 각자의 인생이 어떤 형태로 바뀌었을지 궁금하신 분은 직접 한 번 읽어보시길 추천합니다.

    등장인물 중에서 유독 제 마음을 끌었던 인물은 래리였습니다. 소설의 서두에서 서머싯 몸이 언급했던 남자 역시 바로 래리였지요. 그렇다면 래리는 도대체 어떤 인물이기에 저와 몸, 두 사람의 마음을 모두 사로잡았을까요? 그는 전쟁을 겪으며 인생이란 무엇인지, 그리고 그것이 얼마나 잔인하고도 무의미한지를 깊이 생각하게 됩니다. 그러한 깨달음 끝에 물질적인 성공보다는 정신적인 삶을 추구하는 길을 선택합니다. 래리에게 정신적 세계란, 사방이 온통 텅 빈 무한한 공간 속에서 혼자 비행기를 몰고 하늘을 날아오를 때 느끼는 기분과도 같습니다. 그야말로 자유의 극치라고 볼 수 있죠. 하지만 돈에 대해서는 반대로 속박이라고 생각합니다. 돈이 자유라고 생각했던 몸은 그의 이야기를 듣고 놀라죠. 저도 이 대목에서 똑같이 놀랐습니다. 결국 두 사람은 서로를 완전히 이해하지는 못하지만, 래리의 그런 생각은 몸에게 강렬한 인상을 남겼습니다.

　　면도칼의 날카로운 칼날을 넘어서기는 어렵나니.
　　그러므로 현자가 이르노니, 구원으로 가는 길 역시 어려우니라.
　　　　　　　　　　　　　　　　　-카타 우파니샤드 제1장 3절 14행

　『면도날』의 첫 장에는 우파니샤드Upaniṣad1의 한 구절이 인용되어 있습니다. 사실상 이 문장을 통해 책의 제목이 정해졌다고도 볼 수 있는데요. 바로 래리는 물질적인 삶과 영적인 삶을 대조시키는 인물로서, '면도날 위를 걷는 자'라는 제목의 의미를 온전히 구현해 낸 존재입니다. 제가 그에게 끌렸던 이유도 바로 그 점에 있습니다. 세계적인 성공을 거둔 작가가 인생의 황혼기를 바라보는 일흔 살즈음에 발표한 소설. 그가 간접적으로 전하고자 했던 메시지가 바로 래리라는 인물 속에 고스란히 담겨있죠.

　　물론, 인생을 성찰할 수 있다는 의미 외에도 이 소설 속에는 다채로운 즐거움이 담겨 있습니다. 그중 하나가 다양한 술이 등장한다는 점인데요. 하이볼, 몽라셰Montrachet2, 아페리티프Apéritif3, 뒤보네Dubonnet4,

---

1　힌두교 이론과 사상의 토대를 이루는 철학 문헌들을 모은 것
2　프랑스 부르고뉴 지역의 꼬뜨 드 본에 위치한 포도밭이자. 이곳에서 생산되는 세계 최고의 샤르도네 와인
3　식욕을 자극하기 위해 마시는 식전주
4　영국 여왕 엘리자베스 2세가 좋아하던 술로 알려진 프랑스의 아페리티프

브랜디 소다, 위스키 소다, 주브로카^{Zubrowka5}, 포트 와인 등 그 시대의 인물들이 어떤 술을 마셨는지 감상하는 재미가 있습니다. 이야기 후반부에서는 서머싯 몸이 이사벨을 찾아가는 장면이 있습니다. 이전에 일어났던 한 사건의 전말을 물어보기 위한 목적으로 방문한 것인데요. 그 자리에서 이사벨은 몸에게 칵테일을 만들어달라고 부탁합니다. 이내 몸은 지금까지 한 번도 등장하지 않았던 어떤 칵테일을 하나 만듭니다.

그는 진과 노일리 프랏$^{Noilly\ Prat6}$을 따른 다음 약간의 압생트를 첨가합니다. 드라이 마티니는 도무지 맛을 알 수 없는 술이라고 생각하지만, 압생트를 더하면 마법처럼 맛이 달라진다고 믿었기 때문이죠. 심지어 올림포스의 신들이 넥타^{Nectar7}를 포기하고 선택할 만한 맛이라고까지 표현합니다.

그가 만들었던 칵테일은 압생트 마티니였습니다. 압생트가 들어간 마티니라니, 어떤 맛일지 궁금하실 텐데요. 마티니에 대해서는 이미 설명했으니, 이번에는 압생트에 대해 이야기해 보겠습니다.

압생트^{Absinthe}의 기원은 고대 이집트 시대로 거슬러 올라갑니다. 기원전 1550년대의 파피루스에 따르면, 압생트에 들어가는 원재료 중 하나인 웜우드^{Wormwood8}가 의약용으로 사용되었다고 합니다. 18세기 말에는 압생트가 스위스에 살던 프랑스인 의사인 피에르 오디네르$^{Pierre\ Ordinaire}$에 의해 다목적으로 사용하는 약으로 판매되기 시작합니다.

---

5 폴란드산 보드카 브랜드
6 프랑스의 드라이 베르무트 브랜드로. 『면도날』에서는 노이프라라고 부르지만 바 업계에서는 대체로 노일리 프랏이라고 합니다.
7 고대 그리스 신화에서 신들이 마시는 향기로운 꿀과 같이 달콤한 음료
8 향쑥 또는 쓴쑥

압생트의 주요 재료는 웜우드, 아니스^Anise, 펜넬^Fennel입니다. 웜우드는 쑥의 종류 중 하나이고 아니스와 펜넬은 미나릿과의 식물입니다. 압생트에서는 아니스의 향이 강하게 느껴지는데요. 어떤 사람들은 그 향을 맡으면 주방세제 '퐁퐁'이 떠오른다고도 합니다. 호불호가 갈리는 향이지만, 유럽에서는 오래전부터 널리 사용되어 온 허브입니다. 지중해 연안 국가에서는 아니스 향이 진하게 배어 있는 전통주들을 흔히 볼 수 있는데요. 터키의 라키^Raki, 그리스의 우조^Ouzo, 이탈리아의 삼부카^Sambuca, 프랑스의 파스티스^Pastis, 이집트의 아락^Arak이 대표적이라고 볼 수 있죠. 지중해권 국가에 방문하신 분들은 아마도 한 번쯤은 마셔봤을지도 모릅니다.

    1840년대에 이르러 압생트는 본격적으로 인기를 끌기 시작하며 바와 카페 등지에서 판매되기 시작했습니다. 1860년대에는 사람들이 주로 압생트를 즐기던 오후 5시 무렵을 뢰르 베르트^l'heure verte, 즉 '녹색의 시간^The Green Hour'이라고 부르기 시작했죠. 이는 압생트 특유의 녹색 빛에서 유래한 표현입니다. 압생트는 넉넉한 부르주아 계층부터 가난한 예술가와 노동자에 이르기까지 폭넓은 계층으로부터 사랑받았습니다. 1880년대에 대량 생산이 이루어지면서 가격이 내려간 것도 인기의 한 요인이었는데요. 특히 예술가와 작가들 사이에서는 압생트에 심취한 이들이 유독 많았습니다. 파블로 피카소, 빈센트 반 고흐, 오스카 와일드, 보들레르는 물론이고, 물랑루즈 하면 가장 먼저 떠오르는 화가 툴루즈 로트렉, 『율리시스』의 제임스 조이스, 『잃어버린 시간을 찾아서』의 마르셀 프루스트까지, 이름을 다 열거하기 어려울 정도입니다. 더불어 술 하면 가장 먼저 떠오르는 작가인 어니스트 헤밍웨이도 빼놓으면 섭섭하죠. 화가들은 압생트를 향한 사랑을 정성스레 그림으로 표현했습니다. 지금도 구글에 'Absinthe, Artwork'라고 검색하면, 드가와 피카소 그리고 반 고흐 등의 화가들이 그려낸 압생트를 발견할 수 있을 겁니다.

한편, 그림에 등장하는 압생트는 원래의 압생트 색상과 다릅니다. 압생트 원액은 투명한 연두색에 가까운데, 화폭에 담긴 압생트는 불투명한 색으로 표현되는 경우가 많죠. 이 부분에서 그 시대의 사람들이 압생트를 어떻게 마셨는지 추측해 볼 수 있습니다. 압생트의 주요 재료인 아니스와 펜넬에는 아네톨Anethole이란 성분이 있습니다. 아네톨은 에탄올에 녹지만 물에는 녹지 않는데요. 그렇기 때문에 압생트에 물을 더할 경우, 이 성분이 빠져나가며 액체가 구름처럼 뿌옇게 변합니다. 이를 루쉬Louche 현상이라고 합니다. 즉, 그 시대의 사람들이 압생트를 원액이 아닌 물과 섞어서 마셨다는 것을 유추할 수 있죠. 왠지 절제 없이 마셨을 것 같은 상상과는 다른, 생각보다 이성적인 음주 양식이라고 볼 수 있겠습니다.

압생트를 마시는 가장 대중적인 이 방법을 '프렌치 메소드French Method'라고 부릅니다. 구멍이 뚫린 압생트 전용 스푼 위에 각설탕을 올려놓고, 그 위로 얼음물을 천천히 떨어뜨려 마시는 방식인데요. 60~70도에 달하는 압생트 원액의 알코올 도수가 낮아지며, 보다 부드럽고 시원하게 즐길 수 있습니다. 보통 압생트와 물의 비율은 1:2에서 1:4 정도가 적당하며, 물과 섞이면서 한층 풍부해진 아니스 향을 제대로 느낄 수 있는 방법입니다. 책바에서는 압생트 자체의 당도를 고려해 설탕을 제외하고 얼음물과만 섞어서 드리기도 합니다. 압생트의 풍미를 고스란히 즐기기에 가장 좋은 방법이죠. 한편, 압생트는 호불호가 명확하게 나뉘는 술입니다. 보통 열 명이 주문하면, 아홉 명은 어려워하고 남은 한 명은 열광합니다. 대부분이 두 번 다시 찾지 않지만, 열광하는 소수의 사람은 언제나 압생트만 주문합니다. 여러분은 어떤 성향일지 궁금합니다.

한편, 책바에서 압생트를 주문받다 보면 종종 불을 붙여 달라는 요청을 받기도 합니다. 자극적인 영상 매체의 영향이라고 볼 수 있는데요. 이 방식을 '보헤미안 메소드$^{Bohemian\ Method}$'라 부릅니다. 각설탕에 압생트를 몇 방울 뿌리고 불을 붙여 녹이는 방법이죠. 1990년대 체코에서 유래된 이 방법은 품질이 낮은 압생트의 맛과 향을 감추기 위해 고안된 것으로 알려져 있습니다. 다만, 압생트의 풍미를 방해할 수 있고 오리지널과는 다른 방법이기에 추천하지는 않습니다.

한창 치솟던 압생트의 인기는 1910년대에 이르러 꺾이게 됩니다. 중독이 심한 향정신성 약물이라는 오명을 얻었기 때문인데요. 그에 따라 압생트를 마시면 개인과 사회에 해로운 영향을 끼칠 수 있다는 인식이 퍼지기 시작합니다. 반 고흐가 압생트를 과도하게 많이 마신 뒤 스스로 귀를 잘랐다는 에피소드는 지금까지도 널리 알려진 이야기이기도 하죠. 그 이후로 압생트는 미국을 비롯하여 프랑스와 스위스 등의 많은 유럽 국가에서 금지되었습니다. 금지가 풀린 시점은 오랜 시간이 지난 1990년대였습니다. 최근 연구에 따르면, 압생트에 함유된 환각 성분 투존^{Thujone}은 극소량에 불과하며, 실질적인 영향력은 미미한 것으로 나타났습니다. 즉, 반 고흐의 정신적 고통과 죽음을 압생트라는 술 하나에만 귀속시키는 것은 과도한 해석이라고 할 수 있겠습니다.

반 고흐와 동시대 사람이라고 볼 수 있는 서머싯 몸 역시 압생트에 대한 관심이 높았습니다. 그의 다른 작품인 『달과 6펜스』에는 압생트가 꽤 많이 등장하기도 하죠. 입맛에 따라 다소 심심하다고 느낄 수 있는 드라이 마티니에 압생트를 더할 생각을 하는 건 그로서는 충분한 일입니다. 그야말로 도전적인 바텐더라고도 볼 수 있겠네요. 압생트는 칵테일에 소량만 들어가도 영향력이 큰 술입니다. 책바에서는 은은하게 풍미를 느낄 수 있도록 레시피를 정했습니다. 드라이 마티니와 겉모습은 유사하지만, 한 모금 입에 머금는 순간 입 안에는 아니스의 향으로 가득 찰 겁니다. 아주 깔끔하면서도 복잡한 풍미의 허브 향을 만날 수 있는 칵테일이에요. 평소에 드라이 마티니를 즐겼던 분이라면 충분히 도전해볼 만한 맛입니다. 과연 올림포스의 신들이 넥타를 포기하고 마실 만한 맛인지, 책바에서 한 번 만나보세요.

책바 레시피

: 재료

고든 진 50ml

노일리 프랏 드라이 베르무트 10ml

압생트 2.5ml

마티니 글라스

: 만드는 법

1 차갑게 냉각한 믹싱 글라스에 큼지막한 얼음을 넣고, 냉장고에 넣어둔 진과 드라이 베르무트, 그리고 압생트를 따라 넣는다.
2 재료가 잘 섞이도록 부드럽고 균일한 속도로 스터링한다.
3 차갑게 냉각한 마티니 글라스에 조심스럽게 따른다.

김렛 X
기나긴 이별

Author 레이몬드 챈들러

혹시 지금 하고 있는 일을 글 한 문단으로 표현해 본 적 있으신가요? 다양한 업종의 직장인뿐만 아니라 프리랜서나 사업가 등 어떤 직업이든 좋습니다. 저는 예전에 어떤 소설의 문장을 읽다가, '나라면 내 일을 이렇게 완벽하게 표현할 수 있을까' 하고 감탄한 적이 있는데요. 그 문장을 소개해 보겠습니다.

> 사설탐정의 하루가 그렇게 지나갔다. 딱히 평범한 날은 아니었지만 아주 특별한 날도 아니었다. 사람이 이런 일을 계속하는 이유는 아무도 모른다. 부자가 될 수도 없는 데다 재미도 별로 없다. 때로는 두들겨 맞거나 총질을 당하거나 유치장에 처박히기 일쑤다. 드문 일이지만 죽기도 한다. 두 달에 한 번씩은 이 일을 그만두고 그럴싸한 직업을 찾아야겠다고 결심한다. 걸음을 옮길 때마다 머리가 제멋대로 흔들거리기 전에. 그런데 그때마다 초인종이 울리고, 내실 문을 열고 대기실로 나가면 새로운 얼굴이 새로운 골칫거리와 새로운 슬픔을 한 아름 안고 나타나서 약간의 돈을 내민다.[1]

레이먼드 챈들러의 소설 『기나긴 이별』의 문장입니다. 저는 그중에서도 마지막 문장을 특히 좋아합니다. 문을 열고 들어오는 새로운 얼굴, 그에게 내포된 새로운 골칫거리와 새로운 슬픔, 그리고 약간의 돈. 어쩌면 바텐더가 늦은 밤에 종종 마주치는 장면일 수도 있겠죠. 이 문장은 인물의 감정이 거의 느껴지지 않는 아주 건조한 문체로 쓰였습

---

1 레이먼드 챈들러, 『기나긴 이별』, 김진준 옮김, 열린책들, p.238~239

니다. 읽다가 혹시…? 라고 생각하는 분도 있을 것 같습니다. 바로 레이먼드 챈들러는 앞서 『유리 열쇠』에서 언급했던 하드보일드 장르의 대표적인 작가입니다. 무라카미 하루키가 스콧 피츠제럴드와 더불어 가장 좋아하는 작가이기도 하죠. 하루키는 그를 영웅이라 부르며, 오래전부터 그의 소설을 탐독했다고 합니다. 그중에서도 이 작품은 최소 열두 번을 읽었다고 하니, 얼마나 애정을 가지고 있는지 느껴집니다.

　『기나긴 이별』의 주인공은 필립 말로입니다. 영국의 코난 도일이 셜록 홈즈라는 페르소나를 만들었듯이, 미국에는 레이먼드 챈들러의 필립 말로가 있습니다. 전직 경찰이었던 그는 현재 사립 탐정이며, 낭만과 의리 그리고 고독이라는 키워드로 요약할 수 있는 캐릭터입니다. 커피 한 잔을 따르고 담배를 태우며 친구를 추모하기도 하고, 혼자 술을 마시고 체스를 두며 때때로 혼잣말을 하기도 하죠. 화려하지는 않아도 무게감이 있는 인물입니다. 저도 그런 삶을 지향하기에 읽으면서 바로 정이 들었습니다.

　이야기는 필립 말로가 술에 취해 쓰러져 있던 테리 레녹스란 인물을 도와주면서 시작됩니다. 이 일을 계기로 둘은 가끔씩 술을 마시며 우정을 쌓게 되죠. 이들이 종종 가는 술집은 빅터의 바입니다. 이곳에서 둘은 항상 김렛을 마십니다. 테리 레녹스는 김렛을 무척이나 좋아해서 지금까지도 많은 술꾼들에게 회자되는 대사를 남기기도 했는데요. 영화에 "젓지 않고 흔들어서 Shaken, not stirred"가 있다면, 소설에는 이 문장이 있습니다.

　우리는 빅터 주점 구석 자리에 앉아 김렛을 마셨다. 「이 동네는 제대로 만들 줄 모른다니까.」 그가 말했다. 「김렛이랍시고 라임 주스나 레몬 주스에 진을 타고 설탕이랑 비터스를 잔뜩 뿌려 내놓는단 말이야. 진짜 김렛은 진에 로즈사 라임 주스를 반반씩 타고 아무것도 섞지 말아야지. 그렇게 만들면 마티니 따위는 상대도 안 되거든.」[2]

테리 레녹스의 입을 빌린 레이먼드 챈들러의 칵테일 취향을 알 수 있는 문장입니다. 덕분에 바 업계에서는 챈들러 김렛이라고 부르기도 하죠. 특히 사람들은 마지막 문장 때문에 김렛에 대해 궁금해하는데요. 도대체 김렛이 무엇이길래, 칵테일의 왕이라는 별명을 가지고 있는 마티니가 상대조차 안 된다는지 한 번 알아보겠습니다.

김렛의 기원은 19세기 영국 해군으로 거슬러 올라갑니다. 당시 영국 해군은 괴혈병을 예방하기 위해서 라임 주스를 배급했습니다. 하지만 장기간 항해를 하게 될 경우에는 주스의 신선도를 유지하기 어려웠죠. 해결 방법은 크게 두 가지가 있었습니다. 첫 번째는 라임 주스에 알코올을 더하는 방법입니다. 알코올은 미생물의 번식을 억제하여 발효를 멈추도록 합니다. 더군다나 알코올은 군인들의 사기를 북돋는 역할까지 하니 영양 보충과 함께 일석이조의 방법이라고 볼 수 있겠죠. 두 번째는 라임 주스에 설탕을 더하는 방법입니다. 당을 더하면 산화를 지연시키고 삼투압이 높아져 미생물 활동이 억제됩니다. 이 두 번째 방법을 통해 탄생한 제품이 바로 로즈 라임 주스 Rose's Lime Juice입니다. 1867년, 영국 해군에 보급품을 공급하던 상인 라클란 로즈 Lauchlan Rose는 라임

---

[2] 앞의 책, p.31, 원문은 "A real gimlet is half gin and half Rose's Lime Juice and nothing else. It beats martinis hollow."

주스에 설탕을 넣어 장기 보존하는 기술을 개발했는데요. 덕분에 영국 해군은 효과적으로 괴혈병을 방지할 수 있게 됐죠.

그 이후 자연스럽게 진과 로즈 라임 주스를 섞은 칵테일도 탄생했습니다. 이 칵테일은 김렛^{Gimlet}이라는 이름으로 불리게 됩니다. 이름의 유래에 대해서는 몇 가지 설이 있는데요. 대표적으로 영국 해군 군의관이었던 토마스 김렛$^{Thomas\ Gimlette}$이 선원들에게 섭취하도록 권한 덕분에 그의 이름을 따서 지어졌다는 설과, 배의 구멍을 뚫는 공구인 김렛 드릴$^{Gimlet\ drill}$에서 유래했다는 설이 있습니다. 김렛이란 단어 자체에 송곳이란 뜻이 있는데요. 이는 잘 만든 김렛의 맛이 그만큼 날카롭고 강렬하다는 데서 비롯되었을 겁니다. 김렛은 1940년대에 들어서도 여전히 대중적으로 인기 높은 칵테일이었으며, 당시에는 진과 로즈 라임 주스를 사용하는 것이 표준이었습니다. 하지만 시간이 지나면서 신선한 재료를 사용하는 것이 보편화되며 갓 짠 신선한 라임 주스가 로즈 라임 주스를 대체하게 됩니다.

  김렛의 레시피는 단순하지만, 바텐더의 해석에 따라 다양한 버전이 존재합니다. 가장 전통적인 형태인 오리지널 김렛은 네이비 스트렝스 진$^{\text{Navy Strength Gin}}$과 로즈 라임 주스를 사용해 얼음과 함께 저어 만드는 방식입니다. 네이비 스트렝스 진은 일반적인 진보다 높은 알코올 도수인 57도로, 그 이름처럼 영국 해군과 밀접한 관련이 있습니다. 과거 해군은 배 위에서 사용하는 화약이 술에 젖었을 때도 문제없이 점화되기를 원했는데, 실험 결과 술의 알코올 도수가 약 57도 이상일 경우 화약이 젖더라도 불이 붙는다는 사실이 확인되었습니다. 이 기준에 따라 57도 이상의 진은 '네이비 스트렝스'라는 명칭으로 불리게 된 것이죠. 당시 김렛에는 1793년에 탄생한 진 브랜드인 플리머스 진$^{\text{Plymouth Gin}}$의 네이비 스트렝스 버전이 사용되었다고 전해집니다. 요즘의 김렛은 대체로 런던 드라이 진과 라임 주스 그리고 심플 시럽을 사용해 셰이킹하여 만듭니다. 일반적으로 4:2:1의 비율로 만들어지며, 여기서 조금 더 깔끔하고 드라이한 맛으로 만들고 싶다면 심플 시럽의 비중을 낮추면 됩니다.

  책바에서는 레이먼드 챈들러의 『기나긴 이별』 속 테리 레녹스의 대사와 현대 레시피의 특징을 모두 반영해 독자적인 레시피를 구성했습니다. 재료는 런던 드라이 진과 로즈 라임 주스를 그대로 사용하지만, 대신 진의 비율을 높이고 셰이킹 기법으로 만듭니다. 김렛 역시 많은 시행착오를 겪으며 레시피를 잡았습니다. 덕분에 아주 깔끔하고 예리한 맛을 만날 수 있을 겁니다.

실제로도 책바의 김렛은 인기가 높은 편입니다. 책바에는 몇 가지 비공식 기록이 있습니다. 그중 하나가 한 손님이 연속으로 같은 칵테일을 주문한 횟수입니다. 가장 많은 횟수는 일곱 잔 연속이며, 두 종류의 칵테일이 공동 1위를 차지하고 있습니다. 그중 하나가 바로 김렛입니다. 바텐더로서 참 감사한 기록이죠.

한편, 테리 레녹스는 바에 대한 자신만의 철학이 있습니다.

「나는 이렇게 초저녁에 장사를 막 시작한 술집이 좋아. 실내 공기는 아직 신선하고 깨끗하지, 모든 게 반질반질하지, 바텐더는 마지막으로 거울을 보면서 넥타이는 똑바로 맸는지, 머리는 단정한지 확인 해보고. 바 너머에 가지런히 늘어놓은 술병도 좋고, 사랑스럽게 반짝거리는 술잔도 좋고, 그때마다 느껴지는 기대감도 좋아. 바텐더가 그날의 첫 잔을 준비해 보송보송한 받침에 내려놓고 그 옆에 조그맣게 접은 냅킨을 놓아 주는 것도 좋아. 그 술을 천천히 음미하는 것도 좋아. 조용한 술집에서 그날의 첫 잔을 조용히 마시는 순간…… 정말 근사하다니까.」[3]

---

[3] 앞의 책, p.37

물론 이 철학에는 레이먼드 챈들러 자신의 목소리가 짙게 배어 있을 겁니다. 그는 틀림없이 바에서 많은 시간을 보낸 애주가였을 테지요. 그의 문장처럼, 대부분의 바에서 가장 흥미로운 시간은 오픈 직후입니다. 손님에게는 하루를 마무리하려는 시간이지만, 바텐더에게는 막 하루를 시작하는 시간이거든요. 잔잔하지만 밀도 있는 움직임부터 미묘한 긴장감까지 눈길 머무를 풍경이 유독 많은 시간이기도 하죠. 그래서 바를 가장 여유롭고 풍요롭게 즐기고 싶다면, 오픈 시간에 맞춰 방문해 보시길 추천드립니다. 만약 필립 말로와 테리 레녹스처럼 절친한 친구와 함께 방문하신다면 김렛을 주문해 보세요. 의리와 낭만을 나누기에 이보다 더 좋은 시간은 없을 것입니다.

책바 레시피

: 재료

런던 드라이 진 40ml
로즈 라임 주스 25ml
닉 앤 노라 글라스

: 만드는 법

1 셰이커에 런던 드라이 진과 로즈 라임 주스를 넣는다.
2 얼음을 채운 뒤, 간결하게 셰이킹하여 차갑게 만든다.
3 냉각한 닉 앤 노라 글라스에 조심스럽게 따라낸다.

잭 로즈 X
태양은 다시 떠오른다

Author 어니스트 헤밍웨이

20세기 이후 가장 술을 좋아하는 작가로 어니스트 헤밍웨이를 꼽는 데는 이견이 없을 겁니다. 그가 집필한 소설 곳곳에 다양한 술이 등장하는 것은 물론이고, 전 세계의 바에는 다녀간 흔적이 남아 있으며, 심지어 그의 이름을 담은 클래식 칵테일도 있기 때문이죠. 조금 더 자세히 이야기해 보겠습니다.

몇 년 전, 뉴욕 스트랜드 북스토어에서 보물 같은 책을 발견했습니다. 필립 그린의 『To have and have another: A Hemingway cocktail companion』라는 책입니다. '한 잔 마시고, 한 잔 더!'라는 유쾌한 제목의 책으로, 헤밍웨이의 작품 속에 등장한 수많은 칵테일에 대한 이야기를 담고 있습니다. 이렇게 책 한 권으로 나올 만큼 그의 소설에는 다양한 술이 등장합니다. 저는 평소에 소설을 읽다가 술이 등장하면 인덱스로 표시하거나 문장을 따로 기록해두는 습관이 있습니다. 필립 그린 역시 비슷한 방식으로 아카이빙하며 그 책을 만들었을 거라 생각하니 묘한 동질감이 느껴졌습니다. 헤밍웨이의 팬이라면 한번 읽어보세요. 분명 그럴 만한 가치가 있을 겁니다.

또 몇 년 전에는 호텔 리츠 파리$^{Ritz\ Paris}$에 있는 어느 바에 방문한 적이 있습니다. 웅장한 입구를 지나 내부 중앙의 정원을 통과해야 비로소 모습을 드러내는, 깊숙한 곳에 자리한 작은 공간이었죠. 이 공간의 이름은 바로 바 헤밍웨이$^{Bar\ Hemingway}$입니다. 좌석은 고작 20석 남짓이지만, 그 명성만큼은 전설적이라 해도 과언이 아닙니다. 헤밍웨이는 1920년대부터 스콧 피츠제럴드와 같은 동료들과 함께 이곳을 자신의 본부로 칭할 만큼 자주 방문했다고 합니다. 당시에는 쁘띠 바$^{Le\ Petit\ Bar}$라는 이름이었지만, 1979년 리뉴얼을 거치며 리츠 호텔과 헤밍웨이 유족간의 협의를 통해 지금의 이름으로 바꾸었습니다. 실내에 들어서면 고급스러운 브라운 톤 인테리어와 함께 벽면을 가득 채운 헤밍웨이의 사진, 문장들을 볼 수 있습니다. 메뉴판은 마치 신문처럼 디자인되어 있는데요. 아무래도 기자 출신이었던 헤밍웨이를 떠올리며 위트 있게 만든 것 같습니다. 책바의 메뉴판처럼 보는 재미가 쏠쏠합니다.

 마지막으로, 쿠바의 수도 아바나에는 헤밍웨이와 깊은 인연이 있는 두 곳의 바가 있습니다. 애주가들에게는 성지처럼 여겨지는 라 보데기타La Bodeguita와 엘 플로리디타El Floridita입니다. 헤밍웨이는 라 보데기타의 모히또를 즐겼고, 엘 플로리디타에서는 다이키리를 마셨는데요. 그는 "나의 모히또는 라 보데기타에서, 나의 다이키리는 엘 플로리디타에서!"라는 메모를 남겼습니다. 엘 플로리디타는 그가 창작한 다이키리가 탄생한 바로 그곳입니다. 그는 1932년부터 이곳을 찾기 시작했으며, 아침에는 글을 쓰고 오후에는 걸프 스트림에서 낚시를 즐긴 뒤 늦은 오후에 들르곤 했습니다. 얼마나 단골이었는지, 1937년에는 그의 이름을 딴 다이키리[2]가 메뉴에 실렸고, 1947년에는 레시피를 일부 변경하여 파파 도블레Papa Doble[3]라는 이름의 칵테일로 등재됐습니다. 파파는 그의 별명이고 도블레는 더블을 의미하는 스페인어로, 말 그대로 양이 두 배인

---

1 "My mojito in La Bodeguita, my daiquiri in El Floridita."
2 E. HENMIWAY SPECIAL(c. 1937) (* 당시 직원의 실수로 헤밍웨이 이름을 잘못 썼다고 합니다)
  2 oz. White Rum + 1 tsp. Grapefruit Juice + 1 tsp. Maraschino Liqueur + ½ oz. Fresh Lime Juice
  "Chip or crush some ice, add to shaker, then add remaining ingredients. Shake well, then pour contents of shaker into a chilled cocktail glass.
3 PAPA DOBLE (THE WILD DAIQUIRI) (c. 1947)
  ¾ oz. White Rum + 2 oz. Fresh Lime Juice + 2 oz. Fresh Grapefruit Juice + 6 drops Mara-schino Liqueur
  Blend well with ice. Serve in a large chilled goblet

헤밍웨이 스타일의 다이키리인 셈이죠. 레시피를 보시면 그가 얼마나 주당인지 가늠할 수 있을 겁니다. 1945년 당시 곧 아내가 될 메리에게 보낸 편지에 의하면 한 번에 34잔을 마신 적도 있다고 합니다. 3과 4 사이에 쉼표도 물결표도 없었습니다.

  헤밍웨이는 1920년대 초반에 미국에서 파리로 건너갑니다. 이 때는 헤밍웨이뿐만 아니라 미국의 많은 작가와 예술가들이 파리로 갔습니다. 그 이유는 몇 가지 있었는데요. 그 당시의 파리는 전 세계 문학과 예술의 수도였고, 환율 차이로 인해 상대적으로 저렴하게 생활할 수도 있었기 때문입니다. 그의 파리 생활은 에세이 『파리는 날마다 축제 A Moveable Feast』와 소설 『태양은 다시 떠오른다 The Sun Also Rises』를 통해 엿볼 수 있습니다. 그중에서 『태양은 다시 떠오른다』는 길 잃은 세대 The Lost Generation를 가장 잘 보여주는 작품입니다. 길 잃은 세대는 1차 세계대전 이후 삶의 방향 감각을 상실한 젊은 세대를 의미하는데요. 당시 파리 문학계의 대모였던 소설가 거투르드 스타인이 자동차 수리공에게 들었던 말을 토대로 헤밍웨이에게 했던 말이죠. 헤밍웨이는 소설 서문에 그 말을 인용하며 그들의 이야기를 담았음을 암시합니다.

  주인공의 이름은 제이크 반스입니다. 그는 해외 특파원 자격으로 파리에서 생활하는 미국인 기자이며, 과거 1차 세계대전에서 부상당해 하필이면 성기능을 상실한 불운의 인물입니다. 그는 입원했을 때 알게 된 브렛이란 여성을 사랑하고 있습니다. 아주 아름답고도 매혹적인 그녀는 간호 자원봉사자로 참전했지만, 전장에서 연인을 잃었던 사연이 있습니다. 이후에는 다른 사람과 결혼했던 적도 있는 인물이죠. 둘의 관계는 앞서 언급한 제이크의 불운으로 인해 본격적으로 가까워지기는 어려운 상황입니다. 브렛은 제이크에게 애정을 표현하는 와중에도 자유분방한 연애를 계속합니다. 약혼자 마이크가 있지만 자신을 쫓아다니는 로버트와 산세바스티안으로 여행을 떠나고, 투우 경기에서 멋진 모습을 보인 투우사 페드로 로메로와는 사랑의 도피를 하기도 하죠. 이게 무슨 상황이야 싶겠지만 맞습니다. 이들은 끊임없이 마시고 사랑을 나눕니다. 하지만 끝내 남는 감정은 결국 허무함입니다. 이런 내용이 당시에는 큰 공감을 받으며 인기를 끌었으나, 요즘에는 호불호가 갈리기도 합니다. 평화로운 삶에 익숙한 우리에게는 이들의 방황을 시대정신으로 받아들이기 어려울 수 있기 때문이죠.

제이크는 술집에서 브렛을 포함한 친구들과 시간을 보내다가 먼저 자리에서 일어납니다. 브렛에게는 다음 날 저녁 크리용 호텔에서 만나자며 약속을 잡습니다. 하지만 그녀는 늦은 새벽 술에 취한 채 갑작스레 제이크의 숙소를 방문합니다. 제이크는 아침까지 머물다 가라며 붙잡지만 그녀는 키스만 남기고 떠나죠. 다음 날 저녁, 그는 호텔 바에서 잭 로즈Jack Rose를 마시며 그녀를 기다립니다.

> 5시에 나는 크리용 호텔에 가서 브렛을 기다렸다. 그녀가 보이지 않기에 나는 앉아서 편지를 몇 장 썼다. 별로 잘 쓴 편지는 아니었지만 크리용 호텔의 편지지에 썼으니 조금은 돋보일 것 같은 생각이 들었다. 그러고도 브렛이 나타나지 않자 6시 15분 전에 바로 내려가 바텐더인 조지와 함께 잭로스[4]를 한 잔 마셨다. 브렛은 바에도 없어서 나는 나가면서 위층을 한 번 더 찾아본 후 택시를 잡아타고 카페 셀렉트로 갔다.[5]

[4] 이 책에서는 잭 로즈로 칭하겠습니다.
[5] 어니스트 헤밍웨이, 『태양은 다시 떠오른다』, 김욱동 옮김, 민음사, 2012, p.69

그녀는 결국 나타나지 않았습니다. 잭 로즈는 이후에 한 번 더 등장하는데요. 제이크가 친구 빌과 대화 나누는 장면입니다. 이번에는 빌이 조지가 만드는 잭 로즈를 마십니다.

우리는 걸음을 멈추고 술을 한 잔씩 마셨다.
"술을 마시는 건 과연 좋은 거야. 제이크, 너도 가끔 시험해봐야 해."
빌이 말했다.

"넌 나보다 144년이나 앞서 있군그래."

"사람들을 주눅 들게 하지 말라. 또 남한테 주눅 들지도 말라. 내 성공의 비결이야. 절대로 주눅 들지 않았지. 사람들이 있는 앞에서는 절대로 그런적이 없어."

"어디서 마셨어?"

"크리용에 들렀지. 조지가 잭로스를 몇 잔 만들어 줬어. 조지는 참 좋은 녀석이야. 그 녀석의 성공 비결 알아? 절대로 주눅이 들지 않는 거야."[6]

'절대로 주눅 들지 말자.' 성공을 위한 인생 교훈을 여기서 얻게 됩니다.

잭 로즈는 20세기 초반에 탄생한 칵테일로 알려져 있습니다. 1905년 <내셔널 폴리스 가제트 National Police Gazette>에서는 뉴저지의 바텐더 프랭크 J.메이가 잭 로즈를 만들었다고 소개합니다. 잭 로즈라는 이름이 붙은 가장 유력한 설은 재료, 그리고 색상과 관련이 있는데요. 먼저 잭 로즈는 애플잭 Applejack이 주재료이며, 라임(또는 레몬) 주스와 그레나딘 시럽[7]을 더해 만듭니다. 애플'잭'이 들어간 '장미' 색상의 칵테일이기에 충분히 붙을 만한 이름이죠.

애플잭은 애플 브랜디의 일종으로, 1600년대 후반 미국 북동부에 기원을 두고 있습니다. 사과를 발효시켜 사이다를 만든 다음, 이를 얼려서—즉 '잭jack'이라는 방식으로—수분을 분리합니다. 이렇게 얼어붙은 물을 걷어내고 나면 알코올 농도가 더 높은 술이 남게 됩니다. 오늘

---

[6] 앞의 책. p.117~118
[7] 석류의 과즙과 설탕으로 만든 무알코올 빨간 시럽

날 대부분의 애플잭 생산자들은 구리로 만든 팟 스틸$^{Pot\ Still}$에서 증류하는 방식을 사용하지만, 일부 전통주의자들은 여전히 초기의 냉동 방식을 고수하고 있습니다. 애플잭은 과거에는 인기 많은 증류주였으나 19세기에는 럼과 위스키, 20세기에는 진과 보드카 등에 밀려 구하기 어려워졌습니다. 현재까지 명맥을 이어온 대표적인 브랜드로는 레어즈 애플잭$^{Laird's\ applejack}$이 있습니다. 이런 이유로 대부분의 바가 애플잭 대신 칼바도스와 같은 애플 브랜디를 사용하여 잭 로즈를 만들기도 합니다. 잘 만든 잭 로즈는 애플 브랜디의 깊은 풍미와 라임 주스의 상큼한 산미, 그레나딘 시럽의 달콤함이 절묘하게 어우러지는데요. 입안을 감도는 싱그러운 과일 향이 기분 좋은 여운을 남깁니다.

　　실제로 헤밍웨이도 크리용^{Crillon} 바에서 잭 로즈를 마셨을 겁니다. 그는 자신의 에세이『파리는 날마다 축제』에서 돈이 있을 때면 크리용에 갔다고 했습니다. 그렇다면 제이크와 빌 그리고 헤밍웨이가 마셨던 잭 로즈는 어떤 레시피였을까요? 필립 그린의 가설에 의하면, 우리에게 익숙한 레시피와는 다른 레시피였을 가능성이 있다고 합니다. 충분히 일리가 있어 보여 소개합니다.

　　1927년, 해리 맥엘혼과 윈 홀콤이 공동저술한『Barflies and Cock-tails』가 출간됐습니다. 해리 맥엘혼은 파리에 위치한 해리 뉴욕 바$^{Harry's\ New\ York\ Bar}$의 오너 바텐더이며, 오늘날에도 사랑받는 클래식 칵테일인 사이드카^{Sidecar}와 블러디 메리$^{Bloody\ Mary}$ 그리고 불바디에^{Boulevardier}를 만든 인물로도 알려져 있습니다. 그만큼 당시에 영향력 있는 바텐더였을 겁니다. 그렇다면, 이 책에 수록된 잭 로즈의 레시피 역시 다른 바텐더들이 참고했을지도 모릅니다. 크리용의 바텐더 역시 참고했을 가능성이 있죠. 『태양은 다시 떠오른다』의 최초 발행일은 1926년 10월 22일으로 두 책의 출간 시기가 비슷합니다. 해리 맥엘혼 역시 책을 출간하기 전부터 바에서 잭 로즈를 만들었을 테니, 실제로도 가능성이 있는 이야기입니다. 그의 레시피를 한 번 보겠습니다.

HARRY MACELHONE'S 1920S PARIS RECIPE

½ oz. applejack or Calvados

¾ oz. dry gin

¾ oz. orange juice

¾ oz. fresh lemon or lime juice

⅓ oz. French vermouth

⅓ oz. Italian vermouth

Grenadine to color (about ⅓ oz.)

Shake well with ice; strain into a chilled cocktail glass. Garnish with twist of lime or lemon peel.

현대에 알려진 레시피와 비교하여 진과 오렌지 주스 그리고 두 종류의 베르무트가 추가된 버전의 잭 로즈입니다. 재료가 늘어난 만큼 더욱 복합적인 풍미를 가진 버전이라고 볼 수 있겠습니다.

여전히 파리에는 크리용 호텔 바와 해리 뉴욕 바가 운영 중입니다. 해리 뉴욕 바에는 방문한 적이 있는데, 그때는 한창 사이드카를 연구했을 적이라 잭 로즈는 떠올리지도 못해 아쉬움이 남습니다. 언젠가 크리용 호텔의 바와 해리 뉴욕 바에 방문한다면 잭 로즈를 한 잔 마셔

보세요. 현재 두 공간에서는 어떤 레시피로 만들고 맛은 또 어떤지 이야기를 나눌 수 있는 날을 기대해 봅니다.

책바 레시피

: 재료

칼바도스 40ml

라임 주스 15ml

그레나딘 시럽 10ml

마티니 글라스

: 만드는 법

1 셰이커에 칼바도스, 라임 주스, 그레나딘 시럽을 넣고 얼음을 채운다.
2 충분히 차가워질 때까지 셰이킹한다.
3 차갑게 냉각한 칵테일 글라스에 따른다.
4 예쁘게 자른 사과로 장식하여 마무리한다. (생략 가능)

발랄라이카 X
기사단장 죽이기

Author 무라카미 하루키

사람마다 좋아하는 소설의 스타일이 다릅니다. 저는 이야기 속으로 깊이 빠져들다가 가끔 시선이 머무는 문장을 발견할 수 있는 소설과 디테일한 고유명사를 통해 장면에 생동감을 부여하는 소설을 좋아합니다. 후자의 경우, 인물이 먹고 마시는 음식과 듣는 음악 등 구체적인 묘사를 통해 작가의 취향을 엿볼 수 있다는 재미도 있습니다. 무라카미 하루키의 소설은 드물게 두 가지 특징이 모두 있는데요. 그렇기 때문에 다른 아쉬운 부분이 있다고 하더라도 자신 있게 좋아한다고 말하는 편입니다. 특히 후자의 특징으로 인해 그의 소설을 읽기 시작할 때마다 핵심 줄거리 외에 또 어떤 새로운 세계를 만나게 될지 기대하곤 하죠. 이번에 이야기할 소설 역시 또 다른 세계를 알려준 작품입니다.

『기사단장 죽이기』는 2017년에 출간된 장편소설입니다. 당시 책바에서 한국어판 출판사인 문학동네와 협업을 하기도 해서 출간 직후 재미있게 읽었던 기억이 있습니다. 무엇보다도 주인공이 초상화 전문 화가이기에 예술가의 내면과 창작에 대한 태도를 살펴볼 수 있었습니다.

주인공은 결혼 6주년을 앞두고 아내에게서 이혼 통보를 받습니다. 충격을 받은 그는 도시를 떠나 교외 산속에 있는 친구 아버지 소유의 집에서 지내게 됩니다. 친구의 아버지 아마다 도모히코는 저명한 일본 화가로, 현재 요양원에서 살고 있습니다. 어느 날 그는 집에서 우연히 아마다 도모히코의 숨겨진 그림을 발견합니다. 소설의 제목이기도 한《기사단장 죽이기》라는 그림입니다. 청년이 노인의 가슴 한복판에 검을 깊숙이 찔러 넣어 피가 세차게 솟구치는 장면을 담았죠. 음악에 조예 깊은 주인공은 그림을 보며 모차르트의 오페라《돈 조반니》를 떠올립니다. 극 중 돈 조반니는 기사단장의 딸인 돈나 안나를 유혹하려다 들키고, 결투 끝에 기사단장을 살해합니다. 소설은 이 그림의 발견을 기점으로 본격적인 이야기의 흐름을 펼쳐나가기 시작합니다.

주인공은 미지의 인물로부터 거액의 초상화 의뢰를 받습니다. 인물의 정체는 그의 집 건너편 골짜기에 사는 멘시키입니다. 백발에 운동으로 다져진 몸, 흰색 버튼다운 셔츠 위에 진녹색 카디건을 걸치고 크림색 치노바지를 입은 멘시키는 집보다는 저택이라는 단어가 어울리는 세련된 건물에서 삽니다. 멘시키가 굳이 이곳에 사는 이유는 오직 누군가의 모습을 먼발치에서나마 관찰하기 위해서입니다. 여기까지 읽었을 때 혹시 어떤 인물이 떠오르지 않나요? 멋진 저택에 살면서 어떤 마음을 품고 머나먼 곳을 바라보는 잘 차려입은 남자. 저는 멘시키라는 인물의 묘사를 읽고 앞서 이야기했던 『위대한 개츠비』의 개츠비가 떠올랐습니다. 실제로 하루키도 인터뷰에서 『기사단장 죽이기』는 개츠비를 오마주한 작품이라고 이야기했죠.

그 외에도 이 소설에는 MJQ의 《피라미드》, 푸치니의 《투란도트》와 《라보엠》, 리하르트 슈트라우스의 《장미의 기사》, 슈베르트의 《현악 4중주곡 D.804》 그리고 스탠리 큐브릭의 영화 《샤이닝》 등 다양한 예술 작품이 언급됩니다. 단 한 편의 소설을 통해 음악과 미술, 영화 등 여러 세계를 넘나들 수 있는 셈이죠. (이 글을 쓰는 지금은 MJQ의 《피라미드》를 듣고 있습니다.) 그뿐만 아닙니다. 하루키는 칵테일조차도 섬세한 묘사를 통해 독자에게 선명하게 전달합니다. 다음은 멘시키가 초상화에 대한 감사의 의미로 주인공을 자신의 집에 초대하는 장면입니다. 멘시키는 평소에는 혼자 지내지만 이날만을 위해 셰프와 바텐더를 고용했습니다.

우리가 자리를 잡자 기다렸다는 듯이 어디선가 한 남자가 나타났다. 놀랄 만큼 핸섬한 청년이었다. 키는 그다지 크지 않지만 호리호리한 체격에 동작이 우아했다. 피부가 전체적으로 보기 좋게 그을렸고, 윤기 있는 머리를 뒤로 넘겨 포니테일로 묶었다. 긴 서프팬츠를 입고 해변에서 쇼트보드를 들고 있는 게 어울릴 법한 분위기지만 오늘은 청결한 흰색 셔츠에 검은 보타이를 맸다. 입가에는 기분좋은 미소를 떠올리고 있다.

"칵테일 한잔 드시겠습니까?" 그가 내게 물었다.

"뭐든 좋아하는 것으로 시키십시오." 멘시키가 말했다.

"발랄라이카로 주세요." 나는 몇 초 생각한 후 말했다. 특별히 발랄라이카를 마시고 싶었던 건 아니지만, 정말로 뭐든지 만들 수 있는지 시험해보고 싶었다.

(중략)

멘시키와 나는 칵테일글라스를 들고 가볍게 건배했다. 그가 초상화 완성을 축하해주어 나는 고맙다고 말했다. 그리고 잔 가장자리에 살짝 입을 댔다. 발랄라이카는 보드카와 쿠앵트로와 레몬 주스를 3분의 1씩 섞어서 만드는 칵테일이다. 과정은 심플하지만 북극지방처럼 쨍하게 차갑지 않으면 맛이 제대로 나지 않는다. 어설픈 솜씨로는 미지근하고 밍밍해지기 일쑤다. 그러나 그 발랄라이카는 놀라울 정도로 맛있었다. 거의 완벽에 가깝게 예리한 맛이 났다.

"맛있는 칵테일이네요." 나는 감탄해서 말했다.

"솜씨가 좋은 사람이거든요." 멘시키가 선선히 말했다.

물론이다, 라고 나는 생각했다. 당연히 멘시키가 솜씨 나쁜 바텐더를 데려왔을 리 없다. 쿠앵트로를 준비하지 않을 리도, 앤티크 크리스털 칵테일글라스와 고이마리 접시를 갖추지 않을 리도 없다.[1]

---

[1] 무라카미 하루키, 『기사단장 죽이기 1』, 홍은주 옮김, 문학동네, 2017, p.426~430

주인공이 고민 끝에 선택한 칵테일은 발랄라이카^{Balalaika}입니다. 러시아의 전통 현악기에서 유래한 이름이며, 베이스로 사용하는 보드카가 러시아를 대표하는 술이라는 점에서 착안한 것으로 보입니다.[2] 흥미롭게도 실제 발랄라이카의 생김새는 마치 마티니 글라스를 거꾸로 뒤집은 듯한 모양인데요. 아마도 발랄라이카를 만든 바텐더는 보드카와 쿠앵트로, 레몬 주스를 재료로 사용하고 마티니 글라스에 서빙하는 것까지 모두 계산해서 이름을 짓지 않았나 싶습니다. 모든 요소를 유기적으로 연결한, 아주 철저한 바텐더였던 셈이죠.

　발랄라이카는 과일의 매력적인 산미를 즐길 수 있는 칵테일입니다. 그 중심에는 레몬 주스와 쿠앵트로의 조화가 자리하고 있는데요. 이 중 쿠앵트로^{Cointreau}는 1849년에 탄생한 큐라소 리큐르 브랜드로, 큐라소^{Curaçao}는 비터 오렌지의 한 품종인 라라하 오렌지의 껍질을 활용해 만든 리큐르입니다. 쉽게 말해 쿠앵트로는 오렌지 리큐르로 이해할 수 있으며, 트리플섹$^{Triple\ Sec}$[3] 계열에 속하지만 비교적 달콤한 맛이 특징입니다. 결국 발랄라이카는 보드카의 드라이한 알코올 풍미에 레몬의 산미, 그리고 쿠앵트로의 은은한 감미가 더해진 칵테일입니다. 재료의 균형이 잘 맞을 경우, 마치 칼날처럼 날카롭고도 정제된 맛을 선사하는 완성도 높은 한 잔이 됩니다.

　책바에서는 하루키가 소설 속에 묘사한 방식과는 조금 다른 레시피로 발랄라이카를 만듭니다. 세 가지 재료를 동량으로 사용할 경우, 제 입맛에는 산미가 지나치게 도드라지는 느낌이었습니다. 졸음이 몰

2　유사한 사례로 보드카와 라임 주스 그리고 진저 비어가 들어가는 모스코뮬(Moscow Mule)이 있습니다.
3　큐라소의 한 갈래로. 프랑스어로 3배 드라이하다는 뜻입니다.

려올 때 한 모금 마시면, 고양이가 놀라 도망치듯 잠이 순식간에 달아나는 맛이랄까요. 물론 산미를 좋아하시는 분이라면 예리하고 또렷한 풍미로 느끼실 수도 있습니다. 책바에서는 책바 버전과 하루키 버전 모두 주문 가능하므로 밸런스 잡힌 맛을 선호하는 분이라면 전자를, 산미 가득한 풍미를 특히 선호하는 분이라면 후자를 선택해주세요.

또한 발랄라이카는 클래식 칵테일을 변형하여 탄생한 칵테일입니다. 재료 중에서 보드카를 브랜디로 바꾸면 사이드카^{Sidecar}라는 칵테일이, 진으로 바꾸면 화이트 레이디$^{White\ Lady}$라는 칵테일이 됩니다. 레몬 주스를 라임 주스로 바꾸면 카미카제^{Kamikaze}가 되기도 하죠. 사이드카와 화이트 레이디가 1920년대에 탄생한 칵테일이란 걸 생각했을 때 발랄라이카는 그 이후에 만들어졌을 것으로 추정할 수 있습니다.

마지막으로, 멘시키는 누구의 모습을 관찰하기 위해 그 집에서 살고 있는 것일까요? 북극처럼 쨍하게 차가운 발랄라이카를 마시며 한 번 읽어 보시길 바랍니다.

책바 레시피

: 재료

보드카 35ml
레몬 주스 15ml
쿠앵트로 10ml
심플 시럽 2.5ml
레몬 필
마티니 글라스

: 만드는 법

1 셰이커에 보드카, 레몬 주스, 쿠앵트로, 심플 시럽을 넣는다.
2 얼음을 채우고 간결하고 빠르게 셰이킹한다.
3 차갑게 냉각한 마티니 글라스에 따라낸 후, 레몬 필로 마무리한다.

헨드릭스 진 토닉 X
그레이의 50가지 그림자

Author E.L 제임스

2011년, 세계 출판 시장에 엄청난 소설이 등장했습니다. 성인 단행본 기준으로 영국 역사상 가장 빠르게 100만 부 판매를 달성했으며, 미국에서는 133주 연속 <뉴욕타임스> 베스트셀러에 올랐습니다. 3부작으로 출간된 이 소설은 52개국 언어로 번역되어 불과 5년 만에 1억 5천만 부 이상 팔렸습니다. 특히 영국에서의 100만 부 판매 기록은 무려 11주 만에 세운 것인데요. 이는 현재까지도 깨지지 않은 최단 기록으로, 이전 기록이었던 『다빈치 코드』가 같은 부수를 판매하는 데 36주가 걸렸던 것을 생각하면 얼마나 엄청난 성과인지 쉽게 알 수 있습니다. 혹시 어떤 소설인지 짐작이 되시나요? 많은 분들이 『해리 포터』 시리즈를 떠올릴 것 같지만, 이 시리즈는 청소년 독자도 포함하는 만큼 카테고리 자체가 다릅니다. 정답은 바로 『그레이의 50가지 그림자 Fifty Shades of Grey』 입니다.

　이 소설의 작가 E.L. 제임스는 『해리 포터』의 작가 J.K. 롤링에 견줄 만큼 독특한 성공 스토리를 갖고 있습니다. 제임스는 원래 뱀파이어 로맨스 소설 『트와일라잇』의 팬픽션을 취미로 쓰던 평범한 주부였습니다. 그녀는 'Snowqueens Icedragon'이라는 필명으로 『Masters of the Universe』라는 소설을 팬픽션[1]에 연재했습니다. 이 소설의 주인공은 당연히 『트와일라잇』의 에드워드와 벨라였죠. 하지만 워낙 수위가 높아 독자들로부터 지적을 받기도 했습니다. 결국 일부 이야기를 삭제해야만 했고, 그녀는 자체적으로 홈페이지[2]를 만든 뒤 인물의 이름과 설정을 바꿔 연재합니다. 이후에는 전자책과 주문형 단행본 형태로 독립

---

[1] Fanfiction.net: 세계 최대 규모의 팬픽션 아카이브 사이트
[2] http://fiftyshades.com

출판을 하게 되죠. 머지않아 이 소설은 전자책으로만 약 3만 부를 판매하게 됩니다.

이후 성공 가능성을 감지한 출판사 빈티지 북스Vintage Books가 판권을 인수해 전 세계로 출간되며 열풍이 시작됩니다. 그야말로 상상 이상의 숫자로 판매되는 책이 됐죠. 그 결과, 2012년 말 이 소설은 영국 내셔널 북 어워드에서 '올해의 책Book of the Year'으로 선정되었으며, E.L. 제임스는 <퍼블리셔스 위클리Publishers Weekly>가 선정한 '올해의 출판 인물'과 <타임>지가 뽑은 '세계에서 가장 영향력 있는 인물 100인'에 이름을 올렸습니다. 그렇습니다. 그는 성덕이 된 것이죠. 인생이 180도 바뀌는 데는 단 1년이면 충분합니다.

이 소설이 전 세계적으로 인기를 얻은 이유는 완벽한 신데렐라 스토리일 뿐만 아니라, 그동안 터부시되어 왔던 BDSM[3]에 대한 묘사가 세밀하고 생생하게 담겨 있기 때문입니다. 독자들에게 끼친 영향력도 어마어마했는데요. 2012년에는 책이 출간되기 전인 2010년과 비교해 BDSM 관련 부상으로 응급실을 찾은 사람이 무려 50% 이상 증가했다고 합니다. 아마도 익숙하지 않은 사람들이 소설 속의 묘사를 무작정 따라 했기 때문이겠죠. 주인공인 크리스천 그레이와 아나스타샤 스틸 사이의 섹스 장면도 수시로 등장합니다. 때로는 수 페이지에 걸쳐 매우 상세하게 묘사되는데요. 읽는 내내 얼굴이 화끈거리고, 혹시 주변에서 누가 보고 알아채지 않을까 조심스럽게 눈치를 보게 될 정도입니다. (책바에서도 이 책은 '숨어 읽는 책' 칸에 분류되어 있을 정도죠.) 스태퍼드셔 대학교의 교수 엘리스 캐시모어Ellis Cashmore는 이 책의 인기로 인

---

[3] Bondage and Discipline, Sadism and Masochism (속박 플레이 및 피학-가학 성행위)

해 이듬해인 2013년에 베이비붐이 일어날 것이라고 예측했으며, 성인 용품 리테일 브랜드인 앤 섬머스 Ann Summers 는 실제로 에로틱 소설의 판매량뿐 아니라 수갑과 눈가리개 같은 관련 상품들의 매출도 급격히 증가했다고 밝혔습니다. 마치 작은 나비의 날갯짓처럼 팬픽션으로 시작된 이야기가, 시간이 흘러 사회적으로 큰 파장을 일으킨 셈입니다.

『그레이의 50가지 그림자』는 나이를 불문하고 여성들에게 특히 인기가 많은 책입니다. 이야기가 아나스타샤의 시점으로 전개되어 여성 독자들이 자연스럽게 몰입할 수 있는 데다, 그녀의 파트너인 크리스천 그레이는 부유하면서도 매력이 넘치는, 말 그대로 모든 것을 갖춘 남자이기 때문입니다. 그는 취미로 개인 헬기를 조종하고, 사랑하는 여자를 위해 작은 회사를 인수할 만큼 압도적인 재력을 갖춘 인물이죠. 누구나 한 번쯤 꿈꿔봤을 법한 완벽한 판타지를 충족시키는 남성상입니다. 그러나 그에게도 숨겨진 이면이 있습니다. 바로 차마 남에게 털어놓기 힘든 어린 시절의 아픔이죠. '그레이의 50가지 그림자'라는 제목 그대로 그는 여러 가지 서로 다른 모습을 동시에 지닌 인물입니다. 처음에 아나스타샤는 크리스천의 달콤하고 친절하면서도 통제적인 모습에 혼란스러워하지만, 대화를 나누고 여러 사건을 함께 겪으며 그의 내면을 조금씩 이해하게 됩니다.

그는 철저하게 자기 관리를 하는 남자입니다. 규칙적인 수면 습관을 지키고 주치의에게 정기적으로 건강 검진을 받고 있으며, 킥복싱과 웨이트 등의 운동을 꾸준히 합니다. 술은 기분이 좋아질 정도로만 마시고, 담배도 태우지 않아요. 그런 그가 주로 마시는 술은 와인입니다. 아나스타샤와 식사를 하거나 사랑을 나누기 전에 함께 마시는 술도

대체로 와인이었죠. 그런데 그가 와인 대신 칵테일을 마시는 흔치 않은 장면이 있습니다. 아나스타샤와 함께 그녀의 어머니를 처음 만나는 자리였는데요. 그녀와 어머니는 이미 코스모폴리탄[4]을 두 잔째 마시고 있는 상태였습니다. 이때는 그도 따라서 칵테일을 시켜야만 했을 것입니다. 특히 연인의 어머니에게 잘 보이고 싶어 비슷한 행동을 해야겠다는

---

[4] 코스모폴리탄은 보드카와 트리플섹 그리고 라임 주스와 크렌베리 주스를 넣어서 만드는 칵테일입니다. 높지 않은 알코올 도수에 새콤달콤한 맛을 가지고 있어서 여성들에게 인기가 많습니다. 미국 드라마인 〈섹스 앤 더 시티〉의 주인공들이 즐겨 마셔서 더 유명해지기도 했습니다.

마음이 자연스레 들었을 거예요.

"우리랑 같이 한 잔 마시면 어때요, 크리스천?"

엄마는 웨이터에게 손을 흔들었고, 웨이터는 즉시 모습을 나타냈다.

"진 토닉으로 하겠습니다." 크리스천이 말했다. "만약 있으면 헨드릭스나 봄베이 사파이어로. 헨드릭스에는 오이를, 봄베이에는 라임을 같이 넣어줘요."

맙소사… 오직 세상에서 크리스천만이 술을 주문하면서 식사를 주문하듯이 하겠지.[5]

웨이터가 들고 온 칵테일은 오이가 들어간 헨드릭스 진 토닉 Hendrick's Gin and Tonic이었습니다. '헨드릭스'라는 브랜드의 진에 토닉 워터가 더해진 진 토닉인 것이죠. 크리스천은 수많은 칵테일 중에서 왜 진 토닉을, 그중에서도 헨드릭스란 브랜드를 선택했을까요? 먼저 진에 대해서 이야기해 보겠습니다.

진Gin의 어원은 제네버Genever입니다. 제네버는 몰트 와인Malt Wine[6]을 베이스로 하고 주니퍼 베리를 비롯한 다양한 허브와 향신료를 더해 만든 증류주입니다. 나라마다 발음이 달라 '쥬니버' 또는 '예네버'라고도 읽습니다. 제네버라는 이름 역시 주요 재료인 주니퍼 베리Juniper Berry에서 유래했습니다. 주니퍼 베리는 고대 이집트와 그리스 시대부터 약용으로 쓰인 열매로, 중세까지도 주로 물이나 와인에 끓여 약으로 사용

---

5 E.L 제임스, 『그레이의 50가지 그림자 2』, 박은서 옮김, 시공사, 2012, p.217
6 이름은 와인이지만, 포도가 아닌 보리와 호밀 같은 곡물로 만든 고소하고 묵직한 맛의 증류주

하다가 점차 일상 음료로 발전하게 되었죠.

16~17세기 당시 네덜란드는 동인도회사를 앞세운 세계적인 무역 강국이었습니다. 이들은 무역을 통해 다양한 기술과 재료를 손쉽게 확보할 수 있었고, 그 결과 주니퍼 베리를 사용한 증류주인 제네버를 만들어냅니다. 머지않아 제네버는 영국에서 큰 인기를 얻습니다. 17세기 말, 영국이 프랑스와의 전쟁으로 브랜디 수입을 제한하는 대신 네덜란드와 동맹을 맺으며 제네버 소비를 장려했기 때문입니다. 영국으로 건너온 제네버는 처음에 '홀란드 제네버Holland Genever'로 불리다가 점차 간략하게 '홀란드 진Holland Gin'으로 자리 잡았습니다.

한편, 1690년 영국 정부는 과잉 생산된 곡물을 소비하기 위해 진 법Gin Act을 발효합니다. 이는 규제와 세금을 거의 부과하지 않고 누구나 자유롭게 진을 생산하고 판매할 수 있도록 허용한 법이었죠. 자연스레 대중은 값싸게 취할 수 있는 진의 매력에 빠져듭니다. 하지만 중요한 점은 당시 영국 대중들이 소비한 진은 네덜란드에서 건너온 홀란드 진과는 상당히 달랐다는 것입니다. 값싼 곡물을 대충 발효시키고 증류한 조잡한 술이 대부분이었고, 메탄올 제거조차 제대로 이루어지지 않아 실명하거나 심지어 사망하는 사건도 빈번히 일어났습니다. 1751년 윌리엄 호가스의 작품《진 거리Gin Lane》을 보면 당시 런던 거리의 참담한 모습을 잘 알 수 있습니다.

이후 법이 재정비되고, 1832년 에네아스 코피Aeneas Coffey가 개발한 연속식 증류기가 도입되면서 진의 제조 방식이 획기적으로 바뀌게 됩니다. 몰트 와인의 무겁고 거친 곡물 향 대신 깔끔한 중성 스피릿Neutral Spirit을 사용하여, 주니퍼 베리와 식물성 향료를 가미하되 설탕이

윌리엄 호가스, 《진 거리》, 1751

나 인공적 가향은 최소화한 새로운 스타일의 진이 탄생하게 되죠. 이것이 바로 오늘날 우리가 즐기는 런던 드라이 진London Dry Gin의 시작입니다. 이 제조 방식만 지킨다면 진이 생산된 지역과는 무관하게 모두 런던 드라이 진이라고 부릅니다. 심지어 한국에서 만들더라도 마찬가지입니다. 이렇게 만들어진 런던 드라이 진은 어느새 제네버의 인기를 뛰어넘어 세계에서 가장 사랑받는 증류주 중 하나가 되었습니다. 특히 은은한 허브 향과 깔끔한 맛 덕분에 진 토닉, 마티니, 김렛, 네그로니 등 세계적으로 사랑받는 클래식 칵테일의 필수 재료로 자리 잡았죠.

진 토닉은 누구나 쉽게 만들 수 있지만, 만드는 사람의 레시피에 따라 맛이 천차만별인 칵테일입니다. 이름 그대로 재료는 진과 토닉 워터뿐이지만, 각각의 브랜드, 비율, 가니쉬 선택에 따라 풍미가 달라집니다. 또한, 얼음의 질이나 탄산을 다루는 방식까지도 진 토닉의 퀄리티를 좌우합니다. 그래서 바텐더의 실력이 궁금할 때 일반 손님들이 진 피즈나 김렛을 주문한다면, 오히려 바텐더들은 진 토닉을 선택하기도 합니다. 실력을 어느 정도 엿볼 수 있으면서, 바텐더 특유의 동료의식으로 만드는 과정이 간단한 칵테일을 주문하려는 의도도 담겨있습니다. 이렇게 말씀드리니 책바에서는 특별하고 대단한 방식으로 진 토닉을 만드는 것처럼 보이지만, 사실 그렇지는 않습니다. 기본을 충실히 지키는 스타일이죠. 물론 책바에서는 다양한 종류의 진을 준비하고 있으니 방문하셔서 언제든 문의해주셔도 좋습니다.

이제 헨드릭스Hendrick's 진에 대해서 이야기해 보겠습니다. 헨드릭스는 1999년 스코틀랜드의 유명 주류회사인 윌리엄 그랜트 앤 선즈William Grant & Sons에 의해 탄생했습니다. 오랜 역사를 자랑하는 다른 진 브랜드와 비교해보면 신흥 강호에 속하는데요. (참고로 고든Gordon's은 1769년, 플리머스Plymouth는 1793년, 탱커레이Tanqueray는 1830년, 비피터Beefeater는 1876년에 탄생했답니다.) 헨드릭스는 짧은 기간에 넓은 인지도와 높은 인기를 얻었습니다. 그 이유는 크게 두 가지가 있습니다.

첫 번째는 아름다운 디자인입니다. 디자인 콘셉트에서 체코 화가 알폰스 무하의 아르누보 양식이 떠오를 정도로 고풍스럽고 우아합니다. 도자기를 형상화한 듯한 병의 실루엣과 앤틱한 라벨은 한눈에 시선을 사로잡으며, 병 자체만으로도 강한 존재감을 드러냅니다. 그 아름다움 덕분에 공병을 화병이나 인테리어 소품으로 재활용하는 카페나 바들도 심심찮게 찾아볼 수 있습니다. 전용 잔도 비정기적으로 출시되는데, 특히 찻잔 형태의 글라스는 너무나도 우아해 수집 욕구를 자극하곤 하죠. 오늘날에는 개성 넘치는 디자인의 진 브랜드들이 다양하게 존재하지만, 헨드릭스가 처음 등장했을 당시에는 그야말로 혁신적이었습니다. 단순한 술병 이상의 의미를 지니고 있었던 셈이죠.

두 번째로, 헨드릭스 진은 증류 이후의 단계에서 불가리안 다마스크 로즈와 오이 에센스를 첨가하여 독특한 풍미를 완성합니다. 이러한 추가 향료 공정으로 인해 전통적인 런던 드라이 진으로 분류되지는 않습니다. 일반적으로 진 토닉에는 레몬이나 라임을 가니쉬로 사용하지만, 헨드릭스 진 토닉에는 오이를 길고 얇게 잘라 띄우는 것이 정석입니다. 이미 에센스를 통해 더해진 오이 향에 생 오이까지 더해지면서, 향과 맛이 극대화되며 탁월한 청량감을 선사합니다. 오이는 디톡스 워터의 재료로도 자주 활용되기 때문에, 술을 마시면서도 왠지 건강한 기분이 드는 것도 사실입니다. 그러니 자기관리에 철저한 크리스천 그레이가 헨드릭스 진 토닉을 주문한 장면은 어쩌면 매우 자연스러운 선택일지도 모릅니다.

상큼하고 건강한 느낌의 칵테일을 마시고 싶다면, 바에 가서서 헨드릭스 진 토닉을 주문해 보세요. 오이를 가니쉬로 얹는 순간을 바라보는 즐거움은 그 자체로 한 잔의 묘미를 더해줍니다.

책바 레시피

: 재료

헨드릭스 진 30ml
토닉 워터 90ml
라임 주스 5ml
오이 슬라이스 1조각
하이볼 글라스

: 만드는 법

1 차갑게 냉각한 하이볼 글라스에 헨드릭스 진과 라임 주스를 넣고, 얼음을 채운다.
2 가급적 얼음과 글라스에 닿지 않도록 토닉 워터를 천천히 붓고, 바 스푼으로 위아래로 조심스럽게 섞는다(술 용액과 탄산음료의 비중이 다르므로, 바 스푼을 회전시키기보다 수직으로 얼음을 살짝 들어 올리며 섞는 방식이 효과적이다).
3 마지막으로 얇게 슬라이스한 오이를 가니쉬로 얹어 마무리한다.

보드카 토닉 X
상실의 시대

Author 무라카미 하루키

"무라카미 하루키의 작품 중에서 어떤 책을 가장 먼저 읽어 보셨나요?"

누군가에게 이렇게 묻는다면, 열의 아홉은 같은 대답을 할 것입니다.

"상실의 시대요."

그러면 다시 이렇게 묻습니다.

"노르웨이의 숲은 어떠셨나요?"

이 질문을 했을 때 생각보다 많은 사람들이 '아직 읽지 못했다'고 대답했습니다. 저는 여기서 제목의 힘을 느꼈습니다. 1990년대 초의 영화인 《Ghost》는 《사랑과 영혼》이라는 제목으로, 2000년대 중반의 영화인 《Music and Lyrics》는 《그 여자 작사 그 남자 작곡》이라는 제목으로 개봉했습니다. 지금까지도 우리의 머릿속에는 원제의 존재보다는 번안된 제목으로 짙게 남아 있죠.

『상실의 시대』도 마찬가지입니다. 1989년, 문학사상사는 무라카미 하루키의 대표작『Norwegian Wood』를 『상실의 시대』란 제목으로 출간해 독자들에게 뜨거운 사랑을 받았습니다. 특히 '상실'이라는 단어는 누구나 인생에서 한 번 이상은 겪는 감정을 담고 있어 더욱 깊은 공감을 얻었죠. 이후 2013년, 고전문학 대표출판사인 민음사가 원제에 충실한『노르웨이의 숲』이란 제목으로 새롭게 선보였지만, 아직도 저에게는 '상실의 시대'에서 느꼈던 강렬한 기억이 쉬이 지워지지 않습니다. 그만큼 이 제목은 소설의 내용을 잘 대변했다고 생각합니다. 그런 의미에서 이 책에서는『상실의 시대』를 인용했지만, 원제의 의미가 워낙 흥미로워 잠시 먼저 소개하겠습니다.

『Norwegian Wood』라는 원제에는 흥미로운 뒷이야기가 있습니다. 하루키의 인터뷰와 기고문을 모은 책 『잡문집』에 따르면, 그는 이 소설의 제목을 비틀즈의 곡명에서 따왔다고 밝힙니다. 특별한 이유가 있었다기보다는 오랜 시간 비틀즈의 음악을 듣고 체화해온 감각을 바탕으로 제목으로 쓰고 싶었다고 하죠. 더 흥미로운 점은 'Norwegian Wood'라는 표현이 일반적으로 알려진 '노르웨이의 숲'이라는 의미 외에도 전혀 다른 방식으로 해석될 수 있다는 점입니다.

이 제목에는 두 가지 주요 해석이 있습니다.

첫 번째는 이 표현이 값싼 목재 벽재를 가리킨다는 설입니다. 폴 매카트니에 따르면, 1960년대 당시 영국에서는 'Norwegian wood'라는 말이 저렴한 소나무 벽재를 지칭하는 속어처럼 쓰였습니다. 실용적이지만 저가형 소재였으며, 나아가 모조품이나 가짜를 상징하는 표현으로도 해석될 수 있었죠.

두 번째는 보다 은유적인 해석입니다. 바로 'Knowing she would'에서 비롯되었다는 주장인데요. 원곡 가사 중 "Isn't it good, Norwegian wood?"라는 구절은 'Knowing she would'와 유사한 발음을 가졌습니다. 이 문장을 자연스럽게 해석하면 "좋지 않아? 그녀가 그러리라는 걸 알면서도"라는 의미가 되는데, 이어지는 가사의 흐름을 고려하면 성적인 암시가 담겨 있는 것으로 보입니다. 당시 존 레논이 검열을 우려해 즉흥적으로 발음을 비슷하게 바꾼 것이 'Norwegian wood'였다는 설이죠. 이 노래의 가사를 꼼꼼히 들여다보면 가장 먼저 느껴지는 감정이 바로 상실입니다. 결국 두 가지 해석 모두 '상실의 시대'를 노래하고 있다고 볼 수 있겠습니다.

주인공 와타나베는 10대 후반에서 20대로 나아가는 학생입니다. 그는 두 명의 여성과 깊은 관계를 맺습니다. 자살한 친구의 여자 친구였던 나오코, 그리고 대학에서 같은 수업을 들으며 알게 된 미도리입니다. 두 여성의 이미지는 극단적으로 다르게 그려지는데요. 어린 시절의 상처를 회복하지 못한 나오코를 보면 '침잠'이란 단어가 떠오르지만, 부모님이 모두 세상을 떠난 미도리에게서는 오히려 통통 튀는 '발랄함'이 연상됩니다. 두 사람은 모두 상실의 아픔을 가지고 있지만 상처를 받아들이는 방식은 달랐습니다. 물론 모두 매력적인 외모와 성격의 인물이기에 와타나베에게는 어느 하나 놓칠 수 없는 인연입니다. 그래서인지 이 책을 읽은 사람들이 - 특히 남성들이 - 서로 의례적으로 하는 질문이 있습니다.

"그래서 너는 나오코야? 아니면 미도리…?"

대부분이 미도리라고 대답할 것입니다. 저도 그랬고요. 미도리는 특출난 생활력과 함께 아픈 아버지를 극진히 간호하고, 동시에 성적인 농담을 거리낌 없이 던지며 칵테일도 즐길 줄 아는 여성입니다. 이렇게 반전 매력이 가득한 모습은 분명 많은 남성들의 호감을 살 만하죠. 미도리가 좋아하는 칵테일은 보드카 토닉이었습니다.

독일어 수업이 끝나자 우리는 버스를 타고 신주쿠 거리로 나가, 기노쿠니야 출판사 뒤쪽 지하에 있는 'DUG'에 들어가 보드카 토닉을 두 잔씩 마셨다.

"난 가끔 여기에 와. 여긴 낮에 술을 마셔도 전혀 꺼림칙한 느낌이 들지 않아서."

"이렇게 대낮부터 술을 마신다고?"

"가끔씩." 하고 미도리는 글라스에 남은 얼음을 달그락거리는 소리를 내며 흔들었다. "가끔씩 사는 게 고달파지면 여기 와서 보드카 토닉을 마시곤 해."

"사는 게 괴로워?"

"때로는." 하고 미도리는 말했다. "내게는 나름대로 여러 가지 문제가 있어."

"이를테면 어떤 일?"

"집안일, 애인에 관한 일, 생리 불순- 여러 가지."[1]

이날은 아르바이트 비를 받은 미도리가 한턱 쐈습니다. 생략된 부분을 마저 읽어보면 보드카 토닉을 한 잔도 아니고 각각 다섯 잔이나 마셨으니 정말 크게 쏜 셈이죠.

보드카 토닉 Vodka Tonic은 이름 그대로 보드카와 토닉 워터가 더해진 하이볼 형태의 칵테일입니다. 보드카는 무색, 무미, 무취라는 3무(無)의 특징을 가지고 있어서 토닉 워터와 매끄럽게 잘 어우러지는데요. 보통 보드카와 토닉 워터의 비율을 1:3 정도로 섞지만, 마시는 사람의 취향에 따라 얼마든지 조절할 수 있습니다. 상큼하면서도 도수가 높지 않기 때문에 와타나베와 미도리처럼 다섯 잔 정도 마시는 것도 충분

---

[1] 무라카미 하루키, 『상실의 시대』, 유유정 옮김, 문학사상, 2015(제3판), p.246

히 가능한 일입니다. 그러던 중에 재미있는 사실을 하나 발견했습니다. 보드카 토닉을 마시는 손님들은 꼭 첫 잔으로 보드카 토닉을 주문한다는 사실입니다. 어느 날부터는 이유가 궁금해서 손님들에게 질문하기 시작했습니다.

"왜 항상 첫 잔은 보드카 토닉을 선택하시나요?"

저는 '깔끔하잖아요, 맛있잖아요, 도수가 낮아서요, 저녁으로 느끼한 음식을 먹어서요, 발음이 예뻐서요'등의 대답을 예상하고 있었습니다. 그런데 생각보다 이 대답을 하는 손님들이 많았습니다. 제가 일하는 공간이 책바라는 것을 실감하던 순간이었죠.

"상실의 시대를 좋아해서요. 거기서 와타나베와 미도리가 마시기도 하고요."

이렇게 한 권의 책이 우리에게 주는 영향은 생각보다 큽니다. 오죽하면 우리가 칵테일을 주문하는 그 순간에도 영향을 미치니 말입니다. 물론 책바에 오는 손님들 대부분이 책을 좋아하는 분들이고, 기본적으로 보드카 토닉이 맛있으면서 가격도 부담스럽지 않다는 것도 주된 이유였을 것입니다.

보드카 토닉과 관련해 또 하나의 에피소드가 있습니다. 보드카와 토닉 워터라는 단순한 조합이지만, 와타나베와 미도리가 다섯 잔씩 마신 그 맛이 실제로는 어떻게 재현되고 있을지 궁금했습니다. 고민하다가 결국 도쿄행 비행기를 탔습니다. 그들이 방문했던 바 DUG는 실제로 도쿄에서 영업 중인 공간이기 때문이죠. 재즈 바 DUG는 신주쿠역 근방 빌딩의 지하 1층에 있습니다. 계단을 따라 내려가자 재즈 선율이 서서히 들려오기 시작합니다. 그 자체로 다른 시공간으로 진입하는 듯한 기분을 주는 공간입니다. 바에 앉아 보드카 토닉을 주문한 뒤, 바텐더의 손길을 유심히 지켜보았습니다. 손에는 스미노프 레드 Smirnoff Red 가 들려 있었고, 그는 차갑게 보관해 둔 글라스에 얼음을 채운 뒤 스미노프를 붓고 라임 웨지를 넣은 후 토닉 워터를 채워 넣었습니다. 그야말로 단정하고 군더더기 없는 움직임이었습니다. 그렇게 만들어진 맛은 다섯 잔쯤은 거뜬히 마실 수 있을 만큼 깔끔하고 시원했죠. 그 이후로 책바에서는 바 DUG에서 관찰했던 그 장면 그대로 보드카 토닉을 만들고 있습니다.

스미노프^{Smirnoff}는 세계 최대 주류회사인 디아지오^{Diageo}에 소속된 보드카 브랜드입니다. 전 세계에서 가장 많은 보드카 판매량을 기록하고 있으며, 일반적인 제품인 스미노프 레드 외에도 향이 가미된 버전을 포함하여 다양한 라인업이 있습니다. 가격이 저렴하면서도 깔끔한 풍미 덕분에 많은 바들이 칵테일의 기주로 사용합니다. 분명 대학생인 와타나베와 미도리에게도 스미노프를 사용한 보드카 토닉은 부담 없는 가격에 맛있게 즐길 수 있는 칵테일이었을 것입니다.

미도리의 말처럼, '가끔 사는 게 괴로우면' 근처 바에 들려 보드카 토닉을 한 잔 마시는 것이 어떨까요? 물론 다섯 잔까지 마신다면 그 모습을 지켜보는 바텐더도 참 행복할 것입니다.

책바 레시피

: 재료

스미노프 레드 30ml
토닉 워터 90ml
라임 주스 5ml
라임 웨지
하이볼 글라스

: 만드는 법

1 스미노프 레드 30ml와 라임 주스 5ml를 차갑게 냉각한 하이볼 글라스에 붓고, 얼음을 채운다.
2 토닉 워터를 얼음이나 글라스 벽면에 직접 닿지 않도록 천천히 부은 뒤, 바 스푼을 이용해 위아래로 조심스럽게 섞는다(술 용액과 탄산음료의 비중이 다르므로, 바 스푼을 회전시키기보다 수직으로 얼음을 살짝 들어 올리며 섞는 방식이 효과적이다).
3 라임 웨지를 가니쉬로 올려 완성한다.

피냐 콜라다 X
우리는 사랑일까

Author 알랭 드 보통

저는 웬만해서는 같은 책을 두 번 이상 읽지 않습니다. 세상에는 아직 읽지 못한 좋은 책이 많고, 읽은 책을 다시 펼치기엔 인생이 짧다고 생각하기 때문입니다. 대신 홈페이지에 읽은 책에 대한 리뷰와 인상 깊었던 문장을 기록해 두고, 종종 그 기록을 다시 들여다봅니다. 그렇게 쌓인 아카이브는 어느새 수백 권에 이르렀고, 이제는 나름의 지식 창고 역할을 하고 있습니다.

『우리는 사랑일까 The Romantic Movement』는 『왜 나는 너를 사랑하는가 Essay in Love』와 『키스하기 전에 우리가 하는 말들 Kiss and Tell』과 더불어 알랭 드 보통의 '사랑 3부작'에 속하는 소설입니다. 서사 위주로 펼쳐지는 다른 로맨스 소설과는 달리, 남녀의 심리를 면밀히 살펴볼 수 있다는 점에서 제가 참 좋아하는 시리즈입니다. 알랭 드 보통은 스물세 살부터 이 소설들을 쓰기 시작했다는데, 그 어린 나이에 사랑에 대한 충만한 감정을 다 겪어 본 것인지 아니면 소위 타고난 천재인 것인지 저 같은 보통 사람은 그저 신기하기만 합니다.

홈페이지를 확인해 보니, 제가 이 책을 처음 읽었던 때는 약 20년 전입니다. 꽤 오랜 시간이 흘렀습니다. 그때 저는 어린 학생이었고, 사실상 제대로 된 연애는 해보지도 못한 풋내기였습니다. 《건축학 개론》의 남자 주인공 이제훈(승민 역)과 같다고 할까요. (이왕 같은 김에 외모도 닮았으면 참 좋았을 텐데 아쉽습니다.) 이 소설을 처음 읽게 된 이유는 아마 글을 통해서라도 연애와 사랑을 배우고 싶었기 때문일 겁니다. 하지만 그때는 치기 어린 마음만 앞섰던 것 같습니다. 소설 속 인물의 입장을 헤아리기보다는 그저 관찰자의 시선으로만 책을 읽었으니까요. 경험이 없었기에 가능한 일이었죠. 허무하게도, 알랭 드 보통과의 첫 만남은 그렇게 끝나버렸습니다.

그 이후 어느새 삼십 대가 되었습니다. 그동안 몇 번의 연애를 통해 사랑이라는 감정을 조금은 알게 되었고 나름 풋내기의 티도 벗을 수 있었습니다. 그러던 어느 날, 우연한 계기로 웬만하면 같은 책을 두 번 이상 읽지 않는다는 철칙을 어기고 다시 이 책을 펼치게 되었습니다. 책바에 진열된 책을 슬쩍 들춰 보았다가 어느새 자리에 앉아 몰입하며 끝까지 읽게 된 것이죠. 결론적으로 이 소설은 제게 너무나도 훌륭한 책이 되었습니다. 주인공 각각의 입장을 따라가며 예전의 연애를 돌아볼 수 있었고, 인상 깊게 다가온 구절도 달라졌습니다. 사실 책은 그대로였지만 변한 건 저였습니다. 나이를 먹으며 시선과 마음이 달라진 것이겠죠.

원제는 『The Romantic Movement』로, 제목 그대로 두 남녀의 연애가 시작부터 끝까지 어떤 과정을 거쳐 흘러가는지를 그린 소설입니다. 뚜렷이 다른 성격을 지닌 두 인물이 왜 그런 말과 행동을 했는지, 그들의 생각 구조와 감정의 흐름을 따라가 볼 수 있다는 점이 이 소설의 가장 큰 특징입니다.

에릭은 30대 초반의 은행원입니다. 그는 장소, 사람, 직업 등 대부분의 요소를 자신의 뜻대로 통제하려 하며, 전반적으로 이성적인 성향을 지녔습니다. 반면 20대 중반의 앨리스는 광고대행사에 근무하며, 주위 사람들로부터 '몽상가'라는 말을 들을 만큼 감성적인 면이 강합니다. 이 둘의 차이를 건축가에 비유하면 더욱 분명해집니다. 에릭은 건물의 무게를 여러 기둥에 분산시켜 한 기둥이 무너져도 전체 구조가 유지되는 '지성파 건축가'라면, 앨리스는 모든 무게를 하나의 기둥에 집중시키는 '낭만파 건축가'입니다. 즉, 에릭은 위기에 강한 구조를 짰지만,

앨리스는 하나가 무너지면 모든 것이 함께 무너지는 방식이죠. 이 대목을 읽는 순간, 독자들은 대부분 같은 생각을 하게 됩니다. 이 둘의 연애가 순탄치만은 않겠구나, 하는 예감 말입니다. 여러분은 어떤 건축가라고 생각하시나요?

둘은 한 파티에서 우연히 만났습니다. 첫 만남부터 서로에게 강하게 끌려 함께 밤을 보냈고, 이내 사귀기 시작했습니다. 어느 연인이나 그렇듯이, 처음에는 서로의 매력이 극대화되어 보입니다. 예를 들어 평범한 키스였음에도 불구하고 첫 경험이 너무 짜릿해서 마치 상대방의 테크닉이 '엄청 뛰어난 것'처럼 느껴질 때가 있죠. 또한 자신에게 없는 면모를 상대가 갖고 있다는 사실이 신비롭고도 매력적으로 느껴집니다. 하지만 시간이 흐르면서, 매력으로 인식되었던 다른 점들이 점차 갈등의 씨앗이 되기 시작합니다. 처음에는 장점 같던 차이점들이 점차 그저 차이로만 보이고, 마침내는 이해를 요구받는 문제로 바뀌게 되죠. 때로는 그 차이가 곧 상대방의 틀림처럼 느껴지기도 합니다.

크리스마스 시즌, 에릭과 앨리스는 따뜻한 온기를 찾아 카리브해의 바베이도스 섬으로 여행을 떠납니다. 숙소는 푸른 바다가 바로 앞에 펼쳐지고, 파도가 밀려오는 소리가 생생히 들려오는 해변가 호텔입니다. 아침이면 테라스에서 여유롭게 식사를 하고 숙소 앞 바다에서 수영도 즐기죠. 이제 의자에 몸을 뉘이고 바닷바람에 몸을 말리며 책을 읽으려는 참입니다. 그때, 에릭이 앨리스에게 피냐 콜라다를 함께 마시자고 제안합니다.

그의 손에는 먹는 배처럼 생긴 글라스가 두 잔 들려 있습니다. 크림처럼 하얀 액체 위에 주황색 우산이 꽂힌 피냐 콜라다입니다. 그는 자신이 가져온 피냐 콜라다가 환상적이라며 극찬합니다. 하지만 앨리스는 너무 달착지근하다며 아쉬움을 드러내죠. 기분이 좋아보이는 에릭과 달리, 앨리스는 생각이 많아 보입니다.

에릭과 앨리스의 의견이 갈렸던 피냐 콜라다 Piña Colada는 이들이 휴가 온 바베이도스처럼 따뜻한 해변과 잘 어울리는 칵테일입니다. 1950년 푸에르토리코의 수도 산후안의 바텐더 라몬 몬치토 마레로가 처음 만들었고, 머지않아 카리브해 지역을 대표하는 트로피컬 칵테일로 자리 잡았죠.

피냐 콜라다는 '거른 파인애플 Strained Pineapple'을 의미하는 이름으로, 럼을 베이스로 하여 크림 오브 코코넛과 파인애플 주스를 함께 넣어 만듭니다. 이 중 핵심 재료는 바로 크림 오브 코코넛인데요. 피냐 콜라다를 전문으로 하는 바의 경우 직접 만들기도 하고, 그렇지 않다면 코코 로페즈 Coco López[1]라는 브랜드의 제품을 주로 사용합니다. 코코 로페즈 역시 1948년 푸에르토리코에서 탄생했으니 그야말로 피냐 콜라다와 역사를 함께하는 주재료라고 볼 수 있겠습니다. 대안으로는 좀 더 묽은 제형의 코코넛 밀크나, 말리부와 같은 코코넛 리큐르를 활용하기도 합니다. 이 재료들을 셰이커에 넣고 잘게 부순 얼음과 함께 셰이킹하면, 해변의 풍경과 어울리는 달콤한 칵테일이 완성되죠. 빨대를 꽂고 한 모금 쭉 마시면, 기분 좋은 단맛에 절로 아빠 미소가 지어질 겁니다.

피냐 콜라다는 노래로 유명해지기도 했습니다. 1979년, 영국의 싱어송라이터인 루퍼트 홈스가 《Escape》란 노래를 발표했습니다. 이

---

[1] 아쉽게도 현재 한국에는 정식 수입되지 않아, 해외에서 직접 구매하거나 다른 브랜드를 찾아야 합니다.

노래의 부제가 무려 'The Piña Colada Song'입니다. 칵테일을 좋아하는 사람이라면 한 번 들어보고 싶은 제목이죠. 이후에는 미국의 싱어송라이터 잭 존슨이 리메이크 버전을 출시했는데, 이 버전을 한 번 들어보시길 추천합니다. 도입부부터 들려오는 파도 소리와 어쿠스틱 기타, 탬버린이 절묘하게 어우러져 더욱 여유로운 분위기를 자아냅니다. 이 버전은 영화 《월터의 상상은 현실이 된다》에도 삽입되었습니다. 지금 이 순간, 노래를 재생하고 가사를 음미하며 다음 내용을 읽어 보세요.

여자친구에게 싫증 난 어떤 남자가 있습니다. 그는 그녀가 침대에서 자는 동안 옆에서 신문을 읽고 있다가, 개인 칼럼난에 어떤 여자가 쓴 편지를 발견합니다. 편지에는 이렇게 쓰여 있습니다.

당신이 피냐 콜라다와 비에 흠뻑 젖는 것을 좋아하고, 요가에는 관심이 없고, 적당한 상식이 있다면, 그리고 한밤중에 사막의 모래 언덕에서 사랑을 나누는 걸 좋아한다면 내가 당신을 위한 사람이니 답장을 달라고 말이지요.

글을 읽은 남자는 갑자기 마음이 움직여 답장을 씁니다. 나도 피냐 콜라다와 비에 젖는 것을 좋아하고 건강한 음식은 별로 좋아하지 않으니, 당장 내일 정오에 바에서 만나 탈출 계획을 세우자는 도발적인 내용입니다. 다음 날 정오, 그는 바에 앉아 익명의 여자를 기다립니다. 그리고 마침내 누군가 문을 열고 들어옵니다. 그런데, 그 순간 그는 멈칫합니다. 그녀는 다름 아닌, 자신이 싫증을 느끼고 있던 바로 그 여자 친구였던 겁니다.

둘은 서로를 바라보다가 이내 웃음을 터뜨립니다. 그 웃음 속에는 실망도, 안도도, 기묘한 공감도 모두 섞여 있었을 것입니다.

이 이야기는 바로 이 노래 가사를 풀이한 것입니다. 멜로디와 가사 모두 사랑스럽고 낭만적인 분위기로 가득하죠. 피냐 콜라다 역시 그런 느낌을 주는 칵테일입니다. 한 모금 마시는 순간, 사랑이 충만한 여름 바다의 온기가 입안을 채웁니다. 마시는 상황상 예상보다 '조금 더 달든 혹은 덜 달든' 크게 신경 쓰이지 않을 가능성이 높을 거예요. 사실 웬만하면 다 맛있게 느껴질 겁니다. 하지만 만족하는 에릭과 달리, 앨리스는 계속 달다고 이야기합니다. 이렇게 조금씩 벌어진 간극은 다시 좁혀지기 쉽지 않습니다. 앨리스는 피냐 콜라다가 아니라, 지금 이 모든 상황이 마음에 들지 않았던 겁니다. 이미 오래전부터 에릭에게 아쉬운 감정들을 마음속에 차곡차곡 쌓아두고 있었고, 단지 그것이 지금 '피냐 콜라다가 달다'는 말로 터져 나온 것일 뿐입니다. 문제는 에릭이 끝까지 그 신호를 읽지 못했다는 것이죠. 이 상황은 비단 에릭과 앨리스만의 문제가 아닙니다. 많은 사람들의 연애 속 장면이기도 하죠.

  많은 연인이 겪는 어려움 중 하나가 바로 커뮤니케이션입니다. 서로에게 솔직하길 바라지만 과연 어디까지 솔직해야 하는지 그 기준이 모호할 때가 많습니다. 너무 솔직하면 상처를 줄 것 같고, 적당히 감추자니 그것이 또 기만처럼 느껴지기도 하죠. 그러다 보면, 결국 작고 사소한 오해에서 비롯된 갈등이 조금씩 피어오르기 시작합니다. 때로는 상대방을 위한 말이 오히려 상처가 되어 돌아오기도 하고요. 이 책을 읽으며, 저는 자연스레 지난 연애들을 돌아보게 되었습니다. 스스로를 칭찬하기보다는 반성의 무게가 훨씬 더 컸죠. 상대와 대화를 잘 나누는 편이라고 생각해 왔지만 정작 중요한 순간에는 부족했던 점이 참 많았습니다. 이 소설을 읽은 뒤, 연인 관계에서 조금 더 좋은 사람이 되기 위해 노력하자고 마음을 다잡게 되었습니다. 언젠가 사랑하는 사람과 함께 따뜻한 나라의 해변을 찾게 된다면, 그때 첫 잔으로 마시고 싶은 칵테일은 아마도 피냐 콜라다가 될 것 같습니다.

책바 레시피

: 재료

화이트 럼 15ml
다크 럼 15ml
코코넛 밀크 30mL (당도가 부족할 경우 심플 시럽 10ml 추가)
파인애플 주스 60ml
허리케인 글라스

: 만드는 법

1 차갑게 냉각한 허리케인 글라스에 화이트 럼, 다크 럼, 코코넛 밀크, 파인애플 주스를 붓고, 잘게 부순 얼음을 채운다.
2 짧고 강하게 셰이킹한 후, 파인애플을 비롯한 다양한 과일로 가니쉬를 올려 마무리한다.

시칠리안 키스 X
하느님의 보트

Author 에쿠니 가오리

때로는 어느 바에서 우연히 마신 한 잔의 칵테일이 창작의 모티브가 되기도 합니다. 20세기 초 파리의 살롱에서는 세계 각국의 작가와 예술가들이 모여 술을 곁들인 사색과 토론 끝에 작품을 탄생시키곤 했죠. 책바는 그러한 전통을 이어받아, 서울의 창작자들에게 쉼터이자 영감의 공간이 되기를 바라는 마음으로 운영되고 있습니다. 언젠가 책바를 거쳐 간 이들로부터 위대한 작품이 탄생한다면 참 행복할 것 같습니다.

일본을 대표하는 작가 에쿠니 가오리 역시 자신의 작품 중 하나가 어느 바에서 비롯되었다고 말한 바 있습니다. 그날, 그 바에서 정신이 아득해질 만큼 달콤한 칵테일을 마시지 않았더라면 이 소설은 탄생하지 않았을 것이라고 회고했죠.[1] 도대체 어떤 칵테일이기에, 한 편의 소설을 시작하도록 이끌 만큼 강렬한 영감을 주었을까요? 다행히도 에쿠니 가오리는 그 칵테일을 작품 속에 직접 등장시키며 우리에게 힌트를 남겨주었습니다. 먼저 소설에 대한 이야기부터 시작해 보겠습니다. 이 소설의 제목은 『하느님의 보트 神様のボート』입니다.

주인공은 모녀 관계인 요코와 소우코입니다. 이야기는 두 사람의 시점을 교차하며 전개됩니다. 요코와 뜨거운 사랑을 했던 남자는 그녀에게 "다시 돌아오겠다"는 말을 남기고 떠났고, 소우코는 결국 아버지의 얼굴조차 모른 채 자랍니다. 그의 말을 굳게 믿은 요코는 그리움을 안고 소우코와 함께 여러 도시를 떠돌며 기다립니다. 요코가 끊임없이 이사를 다니는 이유는 간단합니다. 그가 없는 도시에 익숙해질 필요가 없기 때문이죠. 요코는 소우코에게 "우리는 하느님의 보트에 탔으니 절대 한 장소에 익숙해져서는 안 된다."고 말합니다. 그런 이유로 소우

---

1 에쿠니 가오리, 『하느님의 보트』, 김난주 옮김, 소담출판사, 2012, p.284

코는 오랫동안 지속되는 친구 관계를 맺지 못합니다. 아무리 가까운 사이라도, 몸이 멀어지면 언젠가는 마음도 멀어지기 마련이니까요.

『하느님의 보트』는 에쿠니 가오리의 작품 중 가장 위대한 걸작이자, 동시에 가장 위험한 소설로 알려져 있습니다. 전자는 비평가들의 평가이고 후자는 작가 스스로의 말인데요. 이 소설은 뜨거운 사랑에 빠졌던 기억에서 벗어나지 못하는 여자와 그런 엄마 곁에서 자라나는 아이의 성장기를 담고 있습니다. 겉으로는 소소하고 잔잔한 일상 이야기처럼 보이지만, 실은 한 인물의 광기를 다룬 이야기이기도 하죠. 에쿠니 가오리는 의도적으로 모호한 설정과 여백을 남겨 독자들의 상상이 끊임없이 확장되도록 이끌어갑니다. 아직도 누군가를 사랑하며 기다리는 사람이 이 소설을 읽는다면 요코에게 깊이 공감할지도 모릅니다. 칵테일은 요코와 그가 사랑을 나누던 장면에서 등장합니다.

> 내가 생겼을 때, 엄마와 아빠는 지중해의 휴양지인 어느 섬 방갈로에 있었다고 한다. 화창하고 바람 없는 날이었고, 두 사람은 풀 사이드에서 책을 읽고 있었다. 엄마가 읽던 것은 두툼한 추리소설이고, 아빠의 책은 단편집이었다. 한 편을 다 읽을 때마다 아빠가 말을 거는 바람에 시끄러워 혼났다고 엄마는 말한다.
> 엄마는 시칠리안 키스라는 칵테일을 마시고 있었다. 칵테일을 만드는 것은 아빠의 몫이었다. 아빠가 만드는 시칠리안 키스는 '몸이 휘청할 만큼 달고 중독성이 강한 맛'이었다고 한다. 유리잔에 담긴 끈끈한 액체는 호박색에다 '오후에 야외에서 마시는 음료로서 더없이 행복한' 것이었던 듯하다. 얼음이 햇살 아래 싱그럽게 반짝였다고 한다. 그렇게

책을 읽으면서 아빠는 엄마의 목덜미에 몇 번이나 입맞춤을 했다. 입술 닿은 곳이 녹아버릴 것처럼 뜨거운 키스였다고 엄마는 말한다. 그 사람의 입술은 언제나 그랬어, 라고도.

고요하고, 다른 사람은 하나도 없고, 하늘은 한없이 푸르고, 걱정할 일도 없었다.

아빠가 엄마의 목덜미에 한결 긴 키스를 했을 때, 엄마는 더는 참을 수 없어 한숨을 내쉬며 끝내 책을 덮었다. 엄마는 아빠의 머리를 껴안고, 아빠는 엄마의 다리에 다리를 휘감고서 두 팔로 허리를 꼭 껴안았다. 두 사람은 그렇게 뒤엉킨 채 일어나 방으로 들어가서 침대에 몸을 던졌다.

— 시칠리안 키스 세 번째 잔을 절반쯤 마셨을 때였어.

그 얘기를 할 때마다 엄마는 말한다.[2]

요코와 그가 사랑을 나눌 때 함께 했던 칵테일은 시칠리안 키스 Sicilian Kiss였습니다. 요코가 그 순간을 얼마나 황홀하게 기억하고 있었던지, 어린 딸에게 이야기하는 것치고는 상황 묘사가 농밀한 편입니다. 시칠리안 키스는 몸이 휘청일 정도로 달콤하고 중독성이 강하다고 묘사가 되었는데요. 그런 의미에서 에쿠니 가오리가 바에서 정신이 아득해질 만큼 달콤하게 마셨던 칵테일 역시 시칠리안 키스였을 겁니다. 그녀에게 소설을 써 내려갈 원동력이 됐던 이 칵테일에 대해 이야기해 보겠습니다.

---

2 앞의 책, p.7~8

시칠리안 키스의 명확한 기원은 불분명하지만 대략 20세기 후반에 등장한 것으로 추정됩니다. 이 칵테일의 탄생지에 대해서는 재료로 쓰이는 서던 컴포트의 고향인 미국이라는 설과 아마레또의 고향인 이탈리아라는 설이 있습니다. 이름만 본다면 후자가 좀 더 설득력이 있어 보입니다. 그렇다면, 서던 컴포트와 아마레또는 어떤 술이기에 이 두 가지를 더하면 정신과 몸을 휘어잡을 만큼 달콤한 칵테일이 되어버리는 걸까요?

서던 컴포트$^{Southern\ Comfort}$는 1874년 뉴올리언스의 바텐더 마틴 윌크스 헤론에 의해 탄생했습니다. 그는 당시 품질이 균일하지 않은 위스키를 맛있게 마실 수 있는 방법을 고민하던 바텐더였고, 결국 과일과 향신료를 첨가한 레시피를 고안해냈습니다. 이 레시피는 특허 등록까지 되어 서던 컴포트라는 이름의 브랜드가 됩니다. 레시피는 샤르트뢰즈처럼 철저히 비밀로 이어졌다가, 주류 역사학자 크리스 모리스가 TV 프로그램 <A River of Whiskey>에서 오리지널 레시피를 다음과 같이 설명했습니다. '좋은 품질의 버번 위스키와 2.5cm 정도의 바닐라 빈, 레몬 ¼조각, 계피 스틱 반 개, 정향 4개, 체리 몇 개, 오렌지 조각 1~2개를 넣고 며칠 동안 숙성시킨다. 마지막 단계에서는 꿀을 사용하여 단맛을 더한다.' 이 레시피에 의하면 결국 서던 컴포트는 위스키를 베이스로 한 리큐르라고 볼 수 있습니다. 복숭아 시럽과 바닐라 시럽을 섞은 듯한 달콤한 술로 알려졌지만 알코올 도수는 35도로 상당히 높은 편입니다. 개성 있는 풍미로 호불호가 강한 술이기도 한데요. 감기약 시럽을 닮은 맛이라며 싫어하는 사람들도 있지만, 불꽃 같은 삶을 살았던 싱어송라이터 재니스 조플린에게는 늘 들려 있던 술이기도 했습니다.

아마레또^{Amaretto}는 이탈리아에서 탄생한 리큐르입니다. 아마레 또는 '쓰다'라는 뜻을 지닌 이탈리아어 '아마로^{Amaro}'와 '약간'이라는 뜻을 가진 접미사 '-에또$^{-etto}$'의 합성어입니다. 달콤한 맛의 리큐르이면서 정작 단어의 의미는 쓴맛이라는 점이 흥미로운데요. 바로 재료로 사용하는 살구씨와 비터 아몬드가 본래 쓴맛을 지니고 있기 때문입니다. 만드는 과정에서 당을 첨가하기에 최종적인 맛이 달콤해진 것이죠. 그리고 살구씨와 아몬드에는 공통적으로 벤즈알데하이드^{benzaldehyde}라는 화합물이 함유되어 있습니다. 이 벤즈알데하이드가 아마레또 특유의 아몬드와 절인 체리의 향을 내는 역할을 합니다.

최초의 아마레또이자 가장 유명한 브랜드는 디사론노^{Disaronno}입니다. 칵테일 갓파더^{Godfather}와 디사론노 사워$^{Disaronno\ Sour}$를 마셔봤던 분이라면 절대 모를 수 없는 리큐르죠. 이 책을 읽는 분이라면 웬만큼 들어보셨을 것이라 생각합니다.

디사론노는 르네상스 시대의 이탈리아 사론노^{Saronno} 지역에서 탄생했습니다. 1525년, 레오나르도 다 빈치의 제자였던 화가 베르나르디노 루이니는 사론노에 위치한 기적의 성모 성당에 프레스코화를 그려달라는 의뢰를 받습니다. 그는 성모 마리아를 그리기 위한 뮤즈로 사론노의 아름다운 여관 여주인을 선택했습니다. 그녀는 감사의 뜻으로 향기로운 호박빛 리큐르가 담긴 병을 루이니에게 선물합니다. 이 호박빛 리큐르를 통해 디사론노가 탄생했다는 전설적인 일화가 있습니다. 현재 디사론노의 주재료로 알려진 것은 살구씨 오일인데요. 살구씨 역시 벤즈알데하이드가 풍부하게 함유되어 있어 아몬드를 넣지 않아도 아마레또 특유의 아몬드와 절인 체리의 향이 납니다.

한편, 디사론노는 가장 유명한 아마레또이지만 정작 보틀에는 아마레또가 표기되어 있지 않습니다. 2001년, 디사론노가 제품명을 '아마레또 디 사론노$^{Amaretto\ di\ Saronno}$'에서 '디사론노 오리지날레$^{Disaronno\ Originale}$'로 변경하며 아마레또라는 표기를 공식적으로 제거했기 때문입니다. 이런 배경에는 두 가지 주요 이유가 있는데요. 첫 번째로는 다른 저가 아마레또 브랜드와의 차별화를 위해 의도적으로 삭제했다는 이유이고, 두 번째로는 아몬드를 사용하지 않았기에 전통적인 아마레또 제조 방식과 차이가 있어 이름 사용에 제약이 생겼기 때문입니다. 여전히 대중의 인식 속에는 대표적인 아마레또이지만 정작 이름이 표기되어 있지 않다는 점도 참 흥미롭습니다.

  시칠리안 키스는 서던 컴포트와 아마레또를 1:1 비율로 넣고 얼음과 함께 저어서 만듭니다. 달콤한 리큐르 두 가지가 더해졌으니 이보다 더 달콤할 수는 없겠죠. 한 모금 맛보는 순간, 달콤함이라는 이름의 깊은 호수에 풍덩 빠지는 느낌입니다. 일정 이상의 단맛을 부담스러워하는 저는 쉽사리 마시기 어려운 맛이었죠. 내가 마실 수 없는 칵테일은 판매하지도 말자는 주의이기에, 책바에서는 오리지널 레시피에 레몬 주스를 더해 당도와 산도가 균형을 이루는 시칠리안 키스를 만듭니다. 저처럼 평소에는 달콤한 칵테일을 즐기지 않더라도 언젠가는 필요한 날이 올지 모릅니다. 달콤한 맛으로 새로운 원동력을 일으키고 싶은 날이라면 한번 도전해보세요.

책바 레시피

: 재료

　서던 컴포트 30ml

　디사론노 30ml

　레몬 주스 5ml

　오렌지 필

　스니프터(브랜디) 글라스

: 만드는 법

1 서던 컴포트와 디사론노, 레몬 주스를 스니프터 글라스에 따르고 얼음을 채운다.
2 액체가 차갑게 잘 섞이도록 바 스푼으로 저어준 뒤, 오렌지 필을 가니쉬로 올려 마무리한다.

비숍 X
크리스마스 캐럴

Author 찰스 디킨스

때가 되면 자연스레 떠오르는 소설들이 있습니다. 4월에는 『4월의 어느 맑은 아침에 100퍼센트의 여자를 만나는 것에 대하여』, 5월 18일에는 『소년이 온다』, 함박눈이 펑펑 내리는 날에는 『설국』 그리고 성탄절에는 『크리스마스 캐럴』이 생각납니다. 여러분에게는 언제, 어떤 소설이 떠오르는지 궁금합니다. 이 중에서 가장 나중에 읽은 책은 의외로 『크리스마스 캐럴』이었습니다. 너무도 잘 알려진 이야기, 읽지 않아도 다들 아는 스크루지라는 이름과 결말 때문에 오히려 한참 뒤늦게야 책을 집어 들게 되었죠. 아마 저처럼 알고 있어서 오히려 읽지 않았던 분들도 많을 거라 생각합니다. 하지만 이 소설은 단순히 알고 있다는 이유로 읽지 않고 넘기기엔, 세상에 끼친 영향력이 생각보다 큽니다.

1843년 12월 19일, 영국의 작가인 찰스 디킨스가 이 소설을 발표했습니다. 디킨스는 이 작품 덕분에 세계적인 작가로 발돋움합니다. 당시 영국은 산업화가 급격히 진행되던 빅토리아 시대였고, 빈부 격차 또한 극적으로 벌어지고 있었습니다. 중산층과 부유층은 재산 증식에만 몰두했고 서민층은 경제적인 어려움에 시달리며, 각자 다른 이유로 사회는 점점 삭막해져 갔습니다. 중세 시대부터 이어져 온 크리스마스는 그저 종교적 의례에 불과했죠. 그런 시대에 디킨스는 먹고 사는 일에만 매몰된 풍조를 비판하며, 가족과 사회 전체를 아우르는 따뜻한 크리스마스 이야기를 전하고자 했습니다. 그는 사회 계약의 일환으로, 더 많이 가진 이들이 그렇지 못한 이들과 나누는 기쁨을 이야기 속에 담았습니다. 오늘날 크리스마스에 가족이 모여 맛있는 음식을 나누고 서로의 행복을 기원하는 문화는 어쩌면 이 책에서 비롯되었다고 해도 과언이 아닐 것입니다.

주인공 스크루지는 '스크루지와 말리 상회'라는 회계 사무소의 사장입니다. 그는 끔찍한 구두쇠이자 괴팍한 성격을 지닌 인물로 오직 돈에만 관심을 두고 살아왔습니다. 그의 동업자 말리는 7년 전 세상을 떠났는데, 스크루지가 유일한 친구이자 조문객이었죠. 이 부분에서 말리 또한 스크루지와 비슷한 성향을 지닌 인물이었음을 알 수 있습니다. 스크루지는 가난을 죄악시하며 타인에게는 물론 자신에게조차 인색한 삶을 살아왔습니다.

크리스마스를 하루 앞둔 밤, 죽은 말리의 유령이 스크루지 앞에 나타납니다. 말리는 죽은 뒤에도 평화나 휴식을 얻지 못한 채, 끝없는 후회의 나날을 떠돌고 있다고 말합니다. 스크루지에게는 아직 자신과 같은 운명을 피할 기회가 남아 있음을 알리죠. 그러면서 곧 세 명의 정령이 찾아올 것이라고 경고합니다. 바로 과거의 정령, 현재의 정령, 그리고 미래의 정령입니다. 스크루지는 이 정령들과 함께 과거의 즐거웠던 추억과 후회, 현재 자신이 미처 보지 못했던 현실, 그리고 미래에 닥칠 불행을 마주하게 됩니다. 이 대목을 읽으며 놀랐던 점은, 스크루지처럼 완고한 사람이 변화의 계기를 빠르게 맞이했다는 사실이었습니다. 과거부터 미래까지 모두 보고 나서야 변화할 줄로 예상했지만, 과거를 돌아보는 순간부터 이미 그의 안에 변화의 기운이 일기 시작했습니다. 결국, 우리도 다른 사람이 되기 위해서 반드시 현재와 미래까지 볼 필요는 없을지도 모릅니다. 과거를 면밀히 성찰하는 것만으로도 변화의 출발점이 될 수 있다는 것을 깨닫게 됐죠.

그렇게 스크루지는 다시 태어납니다. 그동안 홀대했던 친척인 프레드와 조수인 밥 그리고 지나가는 아이에게까지 친절하게 대합니다. 프레드에게는 크리스마스 선물로 칠면조 한 마리를 보내고, 밥에게는 월급 상승을 약속하고 오후에 함께 술 마실 것도 제안하죠.

"메리 크리스마스, 밥!" 스크루지가 그의 등을 탁 치면서 도저히 오해할 수 없는 진심을 담아 말했다. "내가 지금껏 여러 해 동안 자네에게 허용했던 것보다 훨씬 즐거운 크리스마스를 보내길 바라네, 이 친구야! 자네 월급을 올려 주고 생활고에 시달리는 자네 가족을 돕기 위해 애를 좀 써 보지. 그러니 바로 오늘 오후에 크리스마스를 맞아 모락모락 김이 나는 비숍주나 한 잔씩 하면서 자네 문제를 의논해 보자고, 밥!"[1]

스크루지가 밥에게 권한 술은 김이 모락모락 나는 비숍^{Bishop}이었습니다. 늘 홀대만 받았던 밥에게는 잊지 못할 한 잔이었을 겁니다.

비숍은 오랜 세월 영국에서 사랑받아 온 칵테일로, 최소 1755년부터 그 이름이 사용된 것으로 확인됩니다. 어휘학자 사무엘 존슨은 그해에 출간한 자신의 영어사전에서 비숍을 '와인, 오렌지, 설탕을 섞은 혼합 음료에 대한 은어$^{a\ cant\ word\ for\ a\ mixture\ of\ wine,\ oranges,\ and\ sugar}$'라고 정의했죠. 따라서 스크루지가 제안한 스모킹 비숍$^{Smoking\ Bishop}$은 끓여서 따뜻하게 만든 비숍, 즉 '김이 나는' 비숍이라 할 수 있습니다.

비숍은 성직자의 이름을 딴 에클레지애스틱[2] 펀치$^{Ecclesiastic\ Punch}$

---

1 찰스 디킨스, 「크리스마스 캐럴」, 김희용 옮김, 민음사, 2024, p.147
2 '교회와 관련된'이라는 뜻의 단어이며, 다른 버전의 칵테일로는 상대적으로 가격이 비싼 부르고뉴 와인을 사용해서 만든 포프(Pope, 교황)가 있습니다.

의 일종입니다. 비숍은 가톨릭에서 '주교'를 뜻하는 단어로, 당시에 주교의 관을 본뜬 그릇에 담아 제공하던 모습에서 유래한 이름입니다(체스를 해본 적 있는 분이라면 비숍의 실루엣이 떠오르실 겁니다!). 이 칵테일은 고위 성직자들이 대학을 방문했을 때, 향신료를 넣은 따뜻한 와인을 대접했던 전통에서 비롯된 것으로 추정되죠. 또한 비숍은 옥스퍼드를 비롯한 영국 대학의 학생들과 교수들이 하루를 마무리할 때 즐겼던 칵테일이기도 했습니다. 1827년에 출간된 『Oxford Night Caps』는 당시 옥스퍼드 대학교 학생들이 캠퍼스 안팎의 모임에서 다양한 음료를 만들 수 있도록 돕기 위해 나온 책입니다. 이 책에 따르면, 비숍은 가장 오랫동안 사랑받은 겨울 음료 중 하나이며 재료로 포트 와인과 레몬, 정향, 계피, 육두구 껍질, 올스파이스 그리고 생강을 사용했다고 합니다. 옥스퍼드 버전의 비숍에는 오렌지 대신 레몬을 사용한다는 점이 흥미롭습니다. 레몬 껍질에 여러 개의 칼집을 내고, 그 사이에 정향을 꽂아 끓이는 방식이었죠.

  이쯤에서 자연스레 떠오르는 또 다른 따뜻한 칵테일이 하나 있습니다. 바로 프랑스에서 유래한 뱅쇼^{Vin Chaud}입니다. '따뜻한 와인'이라는 뜻의 이 칵테일은 드라이 레드 와인에 오렌지나 레몬 등의 과일과 다양한 향신료를 넣고 끓여서 만듭니다. 독일어로는 글뤼바인^{Glühwein}, 영어로는 멀드 와인^{Mulled Wine}이라고 합니다. 비숍과 뱅쇼의 가장 큰 차이점은 사용하는 와인의 종류입니다. 비숍은 포트 와인처럼 도수가 높은 주정강화 와인을 베이스로 사용하는 반면, 뱅쇼는 일반적인 드라이 레드 와인을 사용한다는 점에서 구분됩니다.

  비숍은 오랜 세월 동안 환대의 마음을 담아 전해지던 술이었습니다. 그중에서도 김이 모락모락 나는 비숍은, 크리스마스처럼 한겨울에 온 가족이 모여 따뜻한 시간을 보내는 날에 가장 잘 어울리는 술이었겠지요. 어느 추운 겨울날, 누군가를 집으로 초대하게 된다면 비숍 한 잔을 정성껏 만들어보세요. 이 책까지 함께 건네서 비숍의 의미를 전달한다면, 그날의 순간은 그에게 오랫동안 기억에 남을 따뜻한 환대일 것입니다.

책바 레시피

: 재료

루비 포트 또는 토니 포트 와인 1병 (4~6인분)
* 도수가 높을 경우에는 달콤한 레드 와인으로 대체
오렌지 2개
정향 8개
시나몬 스틱 4개
물 100ml

: 만드는 법

1. 오렌지를 깨끗이 씻어 껍질째 8등분으로 자르고, 각 조각에 정향을 꽂아 넣는다.
2. 냄비에 포트 와인, 물, 오렌지, 시나몬 스틱을 넣고 약불로 김이 오를 때까지 데운다.
3. 끓인 술을 각각의 잔에 따르고, 정향을 꽂은 오렌지와 시나몬 스틱을 나눠서 넣는다.

알렉산드라 X
살인자의 건강법

Author 아멜리 노통브

'팔순의 노벨문학상 수상자, 현재까지 인터뷰 경험 전무, 희귀병에 걸려 죽음을 앞두고 있다는 소식이 막 알려짐.'

전 세계 어떤 기자라도 인터뷰를 해보고 싶은 대상일 겁니다. 다양한 국가의 기자들이 그를 인터뷰하기 위해 집 앞으로 몰립니다. 이들은 스케줄을 정한 뒤 한 명씩 차례로 집을 방문하죠. 하지만 머지않아 뛰쳐나오게 됩니다. 누군가는 흐느껴 울며 포르토 플립Porto flip [1]을 들이키고, 누군가는 엎드려 토하기까지 합니다. 누군가는 그를 더 이상 대문호라 칭하지 않으며 그저 뚱보에 내시 같은 글쓰기광이라고 일축하죠. 아직 인터뷰하지 않은 기자들은 궁금증만 점점 더해집니다. 베일에 휩싸인 작가, 그는 도대체 누구일까요?

아멜리 노통브는 혜성처럼 등장한 작가입니다. 25세에 발표한 첫 소설 『살인자의 건강법Hygiène de l'assassin』은 단숨에 10만 부 이상 판매되며 큰 반향을 일으켰고, 신인 작가에게 주어지는 최고의 상으로 꼽히는 르네 팔레 문학상Prix René Fallet과 알랭 푸르니에 문학상Prix Alain-Fournier을 동시에 수상했습니다. 이처럼 뛰어난 문장을 써내는 그녀는, 이후 매해 한 권씩 책을 펴내며 다작 작가로서의 자리도 굳혔습니다. 작품의 특징은 강렬한 캐릭터와 블랙 유머이며 누적 1,600만 부 이상의 판매를 기록할 정도로 상당한 팬덤이 있습니다. 참고로 팔순의 노벨문학상 수상 작가는 아멜리 노통브 본인이 아닙니다. 그녀가 『살인자의 건강법』을 통해 창조해 낸 괴짜 작가 프레텍스타 타슈입니다.

타슈는 23세부터 무려 36년 동안 오직 글쓰기에 자신을 바쳤습

---

1 19세기에 개발된 칵테일로, 브랜디와 루비 포트 와인, 계란 노른자가 더해집니다.

니다. 글을 쓰는 일과 생리적인 필요 외에 그가 한 일이라곤 시가를 피우는 것뿐이었습니다. 그동안 수십 권의 책을 출간했으며 한 권은 미완성으로 남깁니다. 이후에는 절필하고 스스로를 전업 미식가라 칭하며 20년 넘도록 먹고 마시는 일에만 치중합니다. 지금까지의 인터뷰는 모두 이 시기의 삶에만 초점을 맞췄으며, 아이러니하게도 그의 책을 읽은 기자는 없었습니다. 하지만 다섯 번째로 찾아온 니나는 다른 기자와 다릅니다. 그의 작품을 모두 읽었으며, 오히려 23세 이전의 삶에 초점을 잡습니다. 타슈의 과거에는 도대체 어떤 일이 있었을까요? 이후의 내용이 궁금하신 분은 한번 읽어보시길 추천합니다. 니나와 타슈의 대화는 마치 언어의 검투장에서 마주 선 두 검투사의 대결을 보는 듯합니다. 은유와 상징, 풍자와 역설이 날카롭게 부딪히며 읽는 이에게 치열한 언어의 향연을 보여줍니다.

한편, 타슈는 기자를 초대할 때 자신이 좋아하는 칵테일을 권하기도 합니다. 그가 어떤 칵테일을 좋아하는지 한번 보시죠.

프레텍스타 타슈는 알렉산드라를 좋아했다. 술을 잘 마시지는 않았지만 그래도 뭔가 홀짝이고 싶을 때면 늘 알렉산드라를 마셨다. 그리고 반드시 손수 만들어 마셨다. 다른 사람들의 혼합 비율을 신뢰하지 않아서였다. 알렉산드라에 대해 확고한 신념을 지닌 뚱보 선생은 다음과 같은 격언을 만들어내어 투지에 불타는 모습으로 읊조리곤 했다. "누군가가 양심적인지 비양심적인지는 알렉산드라를 어떤 혼합 비율로 만드는지를 보면 알 수 있다."

(중략)

선생은 큼직한 잔을 하나 집어 들더니 처음에는 코코아 크림을, 그 다음에는 코냑을 듬뿍 쏟아 부었다. 그리고는 교활한 표정으로 기자를 바라보았다.

"자, 이제 최고의 알렉산드라를 만드는 비결을 공개하겠소. 범속한 인간들은 마지막으로 생크림을 넣지. 그건 좀 무거운 것 같아. 그래서 난 같은 분량의…… (선생은 통조림을 하나 집어 들었다) 가당 연유를 넣는다오(넣는다는 말과 동시에 넣는 동작이 이루어졌다)."[2]

타슈가 좋아하는 칵테일은 알렉산드라였습니다. 알렉산드라는 그의 면모를 엿볼 수 있는 상징의 역할을 하고 있는데요. 바로 소설 속에서만 존재하는 칵테일이기 때문입니다.

그가 묘사하는 알렉산드라^{Alexandra}는 클래식 칵테일 브랜디 알렉산더$^{Brandy\ Alexander}$의 문학적 표현입니다. 브랜디 알렉산더는 브랜디에 크렘 드 카카오와 크림을 넣어 만드는 클래식 칵테일로, 타슈가 묘사한 알렉산드라와 재료 구성이 거의 같습니다. 하지만 타슈의 기준은 엄격합니다. 그에 따르면, 크림 대신 가당 연유를 사용하는 이들만이 최고의 알렉산드라를 만들 수 있으며, 크림을 넣는 이들은 범속[3]할 뿐입니다.

브랜디 알렉산더는 줄여서 '알렉산더'라고도 불립니다. 알렉산더^{Alexander}의 여성형 표현이 바로 알렉산드라^{Alexandra}이죠. 아멜리 노통브는 이 점을 언어유희적으로 활용해, 알렉산드라를 타슈의 왜곡된 여성

---

2 아멜리 노통브, 『살인자의 건강법』, 김민정 옮김, 문학세계사, 2024, p.34~38
3 평범하고 속되다.

관을 드러내는 상징적 장치로 삼습니다. 그는 칵테일을 여성형으로 지칭함으로써, 자신의 내면에 얽힌 감정—욕망과 혐오, 이상화와 배제—을 투영합니다. 지적으로는 치밀한 인물이지만, 여성에 대해서는 복잡하고 일그러진 감정을 품고 있습니다. 일평생 단 한 명의 여성을 사랑했지만 그 사랑은 결코 온전하지 않았고, 이후 그는 여성과 관계를 맺지 않고 고립된 삶을 이어갑니다. 하지만 아이러니하게도 그의 손에 들린 잔은 '알렉산더'가 아니라 '알렉산드라'입니다.

알렉산더[Alexander] 칵테일이 처음 등장한 것은 1916년, 휴고 엔슬린[Hugo Ensslin]의 『Recipes for Mixed Drinks』에서였습니다. 이 시기의 알렉산더는 우리가 아는 브랜디 베이스가 아닌, 진을 베이스로 사용했습니다. 즉, 진 알렉산더[Gin Alexander]였던 셈이죠. 진, 크렘 드 카카오, 크림을 같은 비율로 넣어 만드는 방식이었고, 부드러우면서도 향기로운 클래식 칵테일로 사랑받았습니다. '알렉산더'라는 이름의 유래에 대해서는 몇 가지 설이 전해집니다. 필라델피아 필리스의 전설적인 투수 그로버 클리블랜드 알렉산더를 기리기 위해 만들어졌다는 설, 뉴욕 렉터스 레스토랑의 바텐더였던 트로이 알렉산더가 만들었다는 설, 러시아 차르 알렉산더 2세의 이름을 따서 지어졌다는 설 등 명확한 기원은 아직 분분합니다.

브랜디를 베이스로 한 브랜디 알렉산더[Brandy Alexander]는 그로부터 약 20년 뒤에 등장합니다. 1930년 해리 크래독[Harry Craddock]의 『The Savoy Cocktail Book』에서는 진 베이스의 알렉산더와 브랜디 베이스의 알렉산더가 나란히 소개되고 있습니다. 이후 시간이 흐르면서, 브랜디 버전이 알렉산더의 표준처럼 자리 잡게 되었습니다.

　　브랜디 알렉산더는 부드러우면서도 진한 달콤한 맛의 칵테일입니다. 어원 자체가 '태운 와인 Burnt Wine'인 브랜디[4]는 증류주 중에서 가장 부드럽다고 볼 수 있으며, 크렘 드 카카오 Crème de Cacao는 깊고 농후한 맛의 초콜릿 리큐르입니다. 여기에 크림이 더해지니 달디단 칵테일이 될 수 밖에 없죠. 하지만 타슈는 한 발 더 나아가 크림 대신에 가당 연유를

[4] 브랜디(Brandy)는 네덜란드어 Brandewijn이 어원이며, branden은 불태우다, wijn은 와인이라는 뜻입니다. 즉, 와인을 증류해서 만든 술이라는 의미입니다.

넣습니다. 얼마나 달아졌을지 상상이 되시나요? 타슈가 만든 알렉산드라는 부드럽고 우아한 풍미를 지녔지만, 결국 비만과 희귀병에 시달리는 그에게는 죽음과 동행하는 단맛입니다.

한편, 책바 버전의 알렉산드라는 삶의 동행자입니다. 타슈의 레시피에 락토프리 우유를 더해 당도의 균형을 섬세하게 조절했습니다. 스피어민트를 가니쉬로 넣어 상쾌함까지 더했죠. 한 모금 머금는 순간, 기분 좋은 적당한 달콤함에 하루의 피로가 풀리는 맛입니다. 유난히 당이 당기는 날, 디저트 칵테일이 필요하다면 알렉산드라를 한 잔 마셔보세요.

책바 레시피

: 재료

브랜디 20ml

크렘 드 카카오 30ml

가당 연유 35g

락토프리 우유 120ml

스피어민트 한 줄기

스테인리스 글라스

: 만드는 법

1 셰이커에 브랜디, 크렘 드 카카오, 가당 연유, 락토프리 우유를 넣는다.

2 휘핑기를 이용하여 재료를 섞어준 후, 얼음을 채워 셰이킹한다.

3 스테인리스 글라스에 따르고, 스피어민트를 손바닥에 톡톡 쳐 향을 낸 뒤 가니쉬로 잔 위에 올려 마무리한다.

와인 스포디오디 X
길 위에서

Author 잭 케루악

자유로운 연애와 섹스, 마약과 로드 트립, 재즈와 비밥, 그리고 비순응과 즉흥성.

이 모든 키워드를 아우르는 한 단어가 있습니다. 미국의 한 시대를 풍미했던, 어떤 세대의 정체성을 의미하는 말이죠. 이 단어를 들으면 배우 정우성이 눈을 감고 양팔을 벌린 채 오토바이를 타던 영화 속 장면이 떠오를지도 모르겠습니다. 바로 비트 세대$^{Beat\ Generation}$[1]입니다.

비트^{Beat}는 여러 겹의 의미가 담겨 있는 단어입니다. '짓밟히다^{Beaten}'라는 의미를 지녔고, '축복을 주는^{Beatific}'이라는 의미도 있으며, 재즈와 비밥의 즉흥성에서 온 '리듬^{Beat}'을 의미하기도 합니다. 지침과 열망, 억압과 해방이 공존하는 단어이죠. 비트 세대는 긴 전쟁으로 지친 시대에 태어났지만, 동시에 새로운 삶을 꿈꿀 수 있었던 축복받은 세대이기도 했습니다. 1920년대의 '길 잃은 세대$^{The\ Lost\ Generation}$'와 1960년대의 '히피 세대' 사이에 놓인 이들은 각기 다른 배경과 특징을 지녔음에도 공통적으로는 기존 질서에 대한 회의와 자신만의 방식으로 살아가려는 욕망이라는 시대정신을 공유했습니다.

비트 세대라는 용어를 처음 사용한 사람은 미국의 작가 잭 케루악입니다. 1948년에 그는 작가 존 클레론 홈스와 길 잃은 세대에 대한 주제로 토론하다가 이 용어를 꺼냈습니다. 존 클레론 홈스는 이때의 기억을 바탕으로 1952년 <뉴욕 타임스 매거진$^{The\ New\ York\ Times\ Magazine}$>에 《This is the Beat Generation》이란 기고글을 쓰죠. 1957년에는 잭 케루악이 비트 세대의 삶이 고스란히 담긴 소설 『길 위에서$^{On\ the\ Road}$』를 출간하며 하나의 문화적 현상으로 자리 잡게 됩니다.

---

[1] 또는 비트닉(Beatnik)이라고 부릅니다.

잭 케루악은 1949년부터 약 십 년 동안 친구 닐 캐시디와 함께 미국과 멕시코로 수차례 로드트립을 떠났습니다. 그 경험을 담은 소설이 『길 위에서』입니다. 이때의 문학 사조 역시 자유와 즉흥성이 가득했는데요. 그는 롤 형태의 긴 종이 한 장을 타자기에 꽂은 채 끊임없이 써 내려가 초고를 완성했으며 걸린 기간은 단 3주에 불과했다고 합니다. 그의 스타일은 자발적인 산문 Spontaneous Prose 으로 불리며, 의식의 흐름에 따른 구성과 형식에 구애받지 않는 자유로운 문체가 특징이죠. 잭 케루악은 인간의 진짜 모습은 가공되기 전에 나오는 것이라 믿었으며 글 역시 날것이 더 진실하다고 생각했습니다. 『길 위에서』를 읽다 보면 정말로 활자 위에 자유가 가득하다는 걸 알 수 있습니다.

주인공의 이름은 샐 파라다이스입니다. 그는 친구인 딘 모리아티의 영향을 받아 서부로 향하는 로드트립을 떠납니다. 1만 3천킬로미터에 달하는 대장정이었습니다. 샐은 여행 속에서 수많은 사람들과 스치고, 다양한 여성과 사랑을 나눕니다. 물론, 사랑은 대부분 실패로 끝나죠. 여정에는 늘 재즈가 함께합니다. 찰리 파커, 냇 킹 콜, 라이오넬 햄프턴, 빌리 할리데이, 덱스터 고든, 워델 그레이, 조지 시어링, 디지 길레스피. 이들의 음악이 등장할 때마다 샐의 감정과 리듬이 맞물려 흐릅니다. 물론 술도 빠질 수 없습니다. 이들은 친자노 Cinzano, 칼바도스, 하이볼, 토카이 와인 Tokaji Wine, 캘리포니아산 포트 와인, 마티니, 그리고 올드 그랜드 대드 Old Grand-Dad 를 마십니다.

그러던 어느 날은 평소와는 다른 특이한 방법으로 술을 마십니다. 샐과 딘은 월터라는 흑인과 어울리며, 그가 제안한 순서대로 술을 마시는데요. 바로 포트 와인 한 잔에 위스키 한 잔, 그리고 다시 포트 와

인 한 잔의 순서였죠. 그는 술을 건네며 '맛없는 위스키에 멋지고 달콤한 재킷을 입히는 거'라고 이야기합니다.

와인 폭탄주라고 번역된 이 술의 본래 이름은 와인 스포디오디 Wine-spodiodi입니다. 흥미롭게도, 와인 스포디오디는 재즈에서 유래했습니다. 바로 스틱 맥기의 점프 블루스 곡인 《Drinkin' Wine, Spo-Dee-O-

Dee〉(1949)가 그 기원인데요. 어깨가 들썩일 정도로 흥겨운 이 곡에서 등장하는 'spo-dee-o-dee'는 본래 특별한 의미라기보다는, 술에 취해 즐겁게 노는 분위기를 표현하는 일종의 감탄사라고 할 수 있습니다. 가사 속에서도 '스포디오디'는 구체적인 의미를 담았다기보다는 곡의 흥을 돋우는 일종의 추임새로 쓰였습니다. 이 곡은 음악계에서 유명한 음주 찬가로 자리 잡죠.

　'스포디오디'는 인기에 힘입어 아프리카계 미국인 커뮤니티에서 즉흥적으로 만든 강한 술을 지칭하는 용어로도 사용되었습니다. 주로 저렴한 포트 와인에 위스키나 럼 같은 높은 도수의 증류주를 섞은 것으로, 특별히 정해진 레시피 없이 그때그때 구할 수 있는 재료로 만들어졌죠. 소설 속 장면에서는 포트 와인과 위스키가 등장하는데, 배경이 샌프란시스코였던 만큼 버번이나 라이 위스키를 사용했을 가능성이 높습니다. 일반적으로 와인 스포디오디는 재료를 섞어 한 번에 마시는 칵테일이지만, 이 장면에서는 포트 와인과 위스키, 다시 포트 와인의 순서로 번갈아 마셨을 수도 있습니다. 그렇게 마셔보면 처음과 끝이 달콤하게 감싸져 있어 정말로 위스키에 달콤한 옷을 입히는 듯한 느낌을 주는데요. 입에 머금는 순간, 마치 건반 위를 자유롭게 활강하는 재즈 연주가 떠오르는 맛을 만날 수 있을 겁니다. 그야말로 『길 위에서』와 가장 어울리는 술이죠.

책바에서는 와인 스포디오디를 두 가지 버전으로 모두 마실 수 있습니다. 『길 위에서』 버전은 세 잔의 플라이트[flight 2]로 드리며, 칵테일 버전은 포트 와인과 버번 위스키를 재료로 사용하여 만들어 드립니다. 포트 와인은 버번과 어울리도록 은은한 오크 향이 느껴지는 토니 포트 와인[Tawny Port Wine 3]으로 정했는데요. 두 가지 술이 서로의 맛을 과도하게 침범하지 않도록 비율을 정했습니다. 포트 와인의 달콤한 건과일 맛과 버번의 쌉쌀한 맛이 묘하게 잘 어울립니다. 소설의 표현이 궁금하다면 전자를, 새로운 맛을 경험해 보고 싶으시면 후자를 선택해 보세요.

---

2 작은 잔에 담긴 여러 종류의 술을 한 세트로 구성해 비교 시음할 수 있도록 제공하는 방식
3 포르투갈 도우루(Douro) 지역에서 생산되는 주정 강화 와인의 한 종류로. 오크통에서 숙성되어 독특한 풍미와 색을 지닌 디저트 와인입니다. 카라멜, 구운 견과류, 바닐라, 토피, 말린 과일 등의 복합적인 향미를 지니며, 오래 숙성될수록 과일 향은 줄고 오크와 산화에서 오는 풍미가 강조됩니다.

책바 레시피

: 재료

버번 위스키 30ml

토니 포트 와인 30ml

올드패션드 글라스

: 만드는 법

1 버번 위스키와 토니 포트 와인을 올드패션드 글라스에 따른다.

2 얼음을 채운 뒤, 바 스푼으로 차가워질 때까지 고르게 저어준다.

핀 X
롤리타

Author 블라디미르 나보코프

'소설의 도입부, 최고의 첫 문장 BEST 10'

몇 년 전, 인터넷에서 널리 회자된 어느 포스팅의 제목입니다. 소설을 좋아하는 많은 사람들이 관심을 보이며 각자 자신이 생각하는 최고의 첫 문장을 공유했습니다. 당시 제가 떠올렸던 문장은 소설가 김훈의 『칼의 노래』에 쓰여 있는 문장이었습니다.

'버려진 섬마다 꽃이 피었다[1].'

김훈 작가는 이 문장을 썼을 때, 조사를 놓고 오랜 시간을 고민했다고 합니다. '꽃이 피었다.'라는 문장은 사실을 진술하는 의미이고, '꽃은 피었다.'고 하면 들여다보는 사람의 주관적인 생각이 개입된 것이기 때문이죠. 그는 한낱 조사마저도 소홀히 대하지 않았습니다. 그래서인지 저뿐만 아니라 많은 독자들이 이 문장에 애착을 가집니다.

저는 『칼의 노래』를 읽으며 '내가 김훈이라면 어떤 문장으로 시작했을까?'라고 생각하기도 했습니다. 마치 원고지 앞에 앉은 그가 된 듯, 진지하게 고민해 보기도 했죠. 글을 쓰는 분들이라면 저처럼 비슷한 상상을 해보셨을지도 모르겠습니다. 그때 저는 다소 주관적인 생각을 문장에 담아 절망적인 책의 분위기에 맞서는 희망을 드러내고자 했습니다. 이렇게 조사를 바꿔서 기록했던 기억이 납니다.

'버려진 섬에도 꽃은 피었다.'

---

[1] 김훈, 『칼의 노래』, 문학동네, 2009, p.9

이 문장 외에도 많은 사랑을 받은 첫 문장들이 포스팅에 함께 소개되었습니다. 그중에서 어떤 한 문장이 유독 제 시선을 끌었어요.

Lolita, light of my life, fire of my loins. My sin, my soul. Lo-lee-ta: the tip of the tongue taking a trip of three steps down the palate to tap, at three, on the teeth. Lo. Lee. Ta.[2]
(롤리타, 내 삶의 빛, 내 몸의 불이여. 나의 죄, 나의 영혼이여. 롤-리-타. 혀끝이 입천장을 따라 세 걸음 걷다가 세 걸음째에 앞니를 가볍게 건드린다. 롤. 리. 타.)[3]

바로 저도 모르게 혀끝으로 윗앞니 뒷부분을 톡, 톡, 톡 세 번 두드려가며 따라 발음하게 되었던 『롤리타Lolita』의 첫 문장이었습니다. 분명 저처럼, 정말 그 문장대로 앞니를 건드리게 되는지 따라 읽으며 확인해 본 분들도 계실 겁니다. 그렇게 따라하다 보면 묘하게 기분이 이상해집니다. 작가의 표현이 얼마나 정확했는지를 새삼 느끼게 되죠. 물론, 이 번역[4]은 원서와는 또 다른 뉘앙스를 풍긴다는 평도 있습니다. 저 역시 충분히 공감하는 의견입니다. 그럼에도 그 당시 저는 이 문장에 강렬히 사로잡히며 자연스럽게 소설 속으로 깊이 빨려 들어갔습니다.

『롤리타』는 러시아 작가 블라디미르 나보코프가 영어로 집필한

---

2 Vladimir Nabokov, 『Lolita』, Penguin, p.7
3 블라디미르 나보코프, 『롤리타』, 김진준 옮김, 문학동네, 2013, p.17
4 특히 원서의 loins 부분에 대해 번역이 엇갈립니다. Loins의 사전적 정의는 'the part of the body that is above the legs and below the waist, especially the sexual organs'로 '사람의 둔부 혹은 음부'를 지칭합니다. 그렇기 때문에, 독자층을 고려해 의도적으로 다소 원만하게 번역을 한 것이라고 볼 수 있습니다.

소설입니다. 이 작품에는 두 가지 흥미로운 특징이 있습니다. 첫 번째는 러시아 작가임에도 자국어가 아닌 영어로 소설을 썼다는 점이고, 다음으로는 영어로 썼음에도 불구하고 미국에서 출간이 거부되어 프랑스에서 먼저 출간되었다는 점입니다. 이후 몇 년이 지나서야 비로소 미국에서도 출간될 수 있었죠. 이렇게 『롤리타』는 처음엔 문제작으로 평가되어 출간을 거부당하기도 했지만, 결국 20세기의 가장 중요한 소설[5] 중 하나로 평가받게 되었습니다. 왜 이런 과정을 거치게 되었을까요? 책의 내용을 살펴보면 어느 정도 그 이유를 짐작할 수 있습니다.

    주인공 험버트는 안타까운 사랑의 기억을 지닌 30대 후반의 남성입니다. 어린 시절, 미친듯이 사랑했던 애너벨은 오래 지나지 않아 병으로 세상을 떠났고, 결혼까지 했던 아내 발레리아는 다른 남자를 따라 그를 떠납니다. 이러한 사건들은 그에게 깊은 영향을 남겼고, 결국 그는 발작 증세로 요양원에 머물기도 하죠. 그럼에도 불구하고 그는 책을 집필하고 학생들에게 강의까지 하는 지식인입니다. 미국의 한 대학에서 강의를 맡게 된 그는 램즈데일이라는 마을에서 머물 집을 알아보던 중, 한 가정집을 방문하게 됩니다. 집주인 헤이즈 부인이 그를 맞이하며 집안 곳곳을 안내하지만, 험버트는 영 내키지 않아 갖은 핑계를 대며 돌아가고자 합니다. 그러던 중, 헤이즈 부인이 마지막으로 베란다를 보여주겠다며 문을 엽니다. 그 순간, 믿기 어려울 만큼 갑작스럽게, 지금껏 떠나려 했던 마음이 눈 녹듯 사라지고 맙니다. 바로 그곳에 부인의 딸 돌로레스 헤이즈, 그가 이후 '롤리타'라고 부르게 될 소녀가 찬란한 모

---

[5] 미국을 대표하는 시사주간지인 〈타임〉과 저명한 출판사인 모던 라이브러리 등에 의해 선정되었습니다.

습으로 나타났기 때문입니다.

험버트는 평소에 님펫^{Nymphet}이라는 단어를 자주 언급하곤 했습니다. 님펫은 '아홉 살에서 열네 살 사이의 소녀'를 가리키는 말로, 그 속에는 관능적인 의미가 은밀히 담겨 있습니다. 그는 롤리타를 처음 본 순간, 마침내 진짜 님펫을 발견했다고 확신합니다. 그 황홀함은 이루 말할 수 없었고, 처음 본 순간의 욕망으로 가득 찬 묘사는 무려 두 페이지에 걸쳐 이어집니다. 문득 저 역시 지난날을 떠올려 보았습니다. 누군가를 처음 본 순간, 그토록 강렬한 황홀함에 사로잡혔던 적이 있었던지, 그리고 그 마음을 두 페이지에 달할 정도로 세세하게 묘사할 수 있었을지. 이뿐만이 아닙니다. 책 전체가 롤리타에 대한 광적인 묘사로 가득합니다. 그런데 중요한 사실은, 그가 바라보는 대상이 자신보다 스무 살 이상 어린 미성년 소녀였다는 점입니다. 지금 시대에도 이런 소재는 논란이 될 텐데, 1950년대라는 당시의 시대적 배경을 생각해 보면 이 책이 왜 출간조차 쉽지 않았는지 충분히 이해됩니다.

그럼에도 불구하고 어렵사리 책은 출간되었고, 머지않아 전 세계의 주목을 받기 시작했습니다. 이후 이 작품은 영화로도 제작되었지요. 영화감독 스탠리 큐브릭이 연출한 1962년 작 《롤리타》와 중년의 매력을 지닌 배우 제레미 아이언스가 험버트 역을 맡은 1997년 작 《롤리타》입니다. 책을 먼저 읽고 두 작품을 비교해 보면 정말 흥미로운 점이 많습니다. 먼저 스탠리 큐브릭의 작품에서는 당시 시대적 분위기를 짐작할 수 있는데요. 노골적인 시선과 묘사로 가득한 원작 소설과 달리, 큐브릭의 영화에서는 키스신조차 등장하지 않습니다. 아마도 그는 상당한 외압에 시달렸을지도 모릅니다. 그래서인지 영화 속 험버트는 왠

지 모르게 무력하고 애잔하게 느껴집니다. 대신, 롤리타는 매력을 한껏 발산하죠. 그로부터 약 30년이 흐른 뒤 세상에 공개된 1997년 버전은 전작과 사뭇 다릅니다. 이 작품 속 롤리타는 매력을 넘어선 도발적인 기운으로 가득 차 있으며, 이전 영화에서는 볼 수 없었던 수위 높은 스킨십도 등장합니다.

다시 소설로 돌아오겠습니다. 결국 그는 램즈데일에서 두 여성과 함께 살기 시작합니다. 이렇게 함께 지내다 보니, 외로운 미망인 헤이즈 부인이 그에게 편지를 써서 고백합니다. 결혼해서 함께 살 것이 아니면 떠나라는 메시지를 담은 편지이죠. 이런 편지를 받았을 경우에는 어떤 선택을 해야 할까요? 참고로 험버트는 그녀에 대해 사랑은커녕 비호감에 가까운 감정을 가지고 있던 상태입니다. 제가 그였다면 아마도 떠나는 방향으로 선택을 했을 거예요. 적지 않은 돈을 가지고 있고, 교수라는 직함도 있으니 어디서든지 큰 불편함 없이 살 수 있기 때문이죠. 그렇지만 그는 함께 살기로 결심합니다. 그녀와 결혼한다면, 험버트는 롤리타의 아버지가 될 수 있는 것이고 스킨십까지 스스럼없이 할 수 있기 때문입니다. 아, 엄청난 열정 아닌가요? 물론 칭찬의 의미는 아닙니다. 결과적으로, 그에게는 감정의 도피처가 필요해졌습니다. 롤리타에게만 집중하기도 힘든데, 전혀 매력없는 외모인 데다 질투까지 심한 아내가 생겼으니 말이죠. 이를 달래는 데는 역시 술만 한 것이 없습니다.

늘 그랬듯이 태양이 우리 집 주위를 돌면서 오후도 무르익어 어느덧 저녁으로 접어들었다. 술 한 잔을 마셨다. 한 잔 더. 또 한 잔 더. 나는 진과 파인애플 주스를 섞어 마시기를 좋아하는데, 이렇게 마실 때마다

기운이 샘솟는다.[6]

그가 기운을 내기 위해서 마시는 술은 진과 파인애플 주스를 섞은 칵테일입니다. 그는 이 조합에 대해 특별한 애정을 가지고 있습니다. 오죽하면, 핀[Pin]이라는 애칭으로 부를 정도이니 말입니다. 왜 하필이면 그는 진과 파인애플 주스를 섞어서 마셨을까요?

18세기 영국에서는 진을 'Mother's Ruin'이라고 불렀습니다. 그 이유는 당시 영국에서 진이 엄청난 열풍을 일으킨 동시에, 중독으로 인해서 다양한 사회적인 문제를 일으킨다고 여겼기 때문입니다. 앞서 헨드릭스 진 토닉에서 봤던 윌리엄 호가스의 작품 《진 거리[Gin Lane]》(1751)를 보면, 진 중독 사태가 사회에 얼마나 악영향을 끼쳤는지 알 수 있습니다. 한편, 파인애플은 남아메리카가 기원인 이국적 느낌의 과일입니다. 주된 영양소는 망간과 비타민 C로, 생리적 기능과 피로 회복에 도움을 주는 것들이죠. 단백질 분해 효소인 브로멜린[Bromelain]도 함유되어 있어 많이 먹으면 입안이 얼얼해지기도 합니다. 즉, 진과 파인애플이 더해졌다는 것은 '중독적인 매력을 지닌 동시에 기운을 불어넣어 주는 존재'라고도 유추해 볼 수 있습니다. 바로 롤리타가 연상되는 조합이죠. 험버트는 롤리타를 'My Lo'라고 줄여서 부르기도 했는데, 핀 역시 'My Pin'이라고 불렀으니 충분히 연결시킬 만합니다. 흥미로운 사실은 헤이즈 부인은 그가 핀을 마시는 것을 좋아하지 않았다는 점입니다.

저에게는 술마다 떠오르는 키워드가 있습니다. 와인하면 '낭만'이 떠오르고, 위스키는 '고독'이라는 이미지가 연결되죠. 똑같이 취하더

---

6 앞의 책, p.120

라도 와인을 마셨다면 기분이 들뜨고, 위스키를 마시면 차분해지죠. 진을 생각하면 떠오르는 키워드는 '조화'입니다. 진은 주니퍼 베리 특유의 허브 향이 나는데도, 웬만한 재료와 섞여도 크게 튀지 않고 잘 어울립니다. 그래서 시그니처 칵테일을 만들 때 가장 많이 활용하는 베이스이기도 하죠. 진과 파인애플 주스도 상당히 잘 어울리는 조합이라고 볼 수 있겠습니다.

책바에서는 진과 파인애플 주스를 1:3 정도의 비율로 넣고 셰이킹을 한 다음, 층층이 쌓아둔 얼음 위에 들이붓는 하이볼의 형태로 핀을 만듭니다. 파인애플 주스의 특징이 셰이킹을 하면 거품 층이 두텁게 발생한다는 건데요. 입술에 거품이 가득 묻을 정도로 벌컥벌컥 마시면 왠지 정말로 피로가 풀리는 느낌이 듭니다. 의외로 많이 달콤하지는 않고 깔끔한 편입니다.

『롤리타』의 본격적인 이야기는 헤이즈 부인이 세상을 떠난 뒤, 험버트가 롤리타와 함께 여행을 떠나며 시작됩니다. 책을 끝까지 읽으면 왜 '롤리타 컴플렉스'란 단어가 등장했고 지금까지도 회자되고 있는지 알 수 있을 것입니다.

책을 읽은 많은 이들이 험버트를 비정상이라고 판단합니다. 저역시 공감합니다. 자신의 행동을 미화하는 윤리적 자기기만으로 가득 찼기 때문이죠. 하지만, 험버트에게도 한 가지 배울 점은 있습니다. 험버트가 롤리타를 바라보듯이, 지금 내 곁에 있는 사람의 모습을 세세히 관찰하고 아름답다고 표현한 적이 얼마나 있었을까요? 당연히 그처럼 비이상적인 관계로는 안 되겠지만, 사랑하는 사람이 얼마나 아름답고 멋있는지 '관찰하고, 경탄하고, 이야기를 해주는 시간'이 우리에게도 필요할 것입니다.

책바 레시피

: 재료

진 30ml
파인애플 주스 100ml
스피어민트 한 줄기
하이볼 글라스

: 만드는 법

1 진과 파인애플 주스를 셰이커에 넣고, 얼음을 채운 뒤 셰이킹하여 섞는다.
2 하이볼 글라스에 액체를 먼저 따르고, 얼음을 채워준다.
3 스피어민트 한 줄기를 톡톡 쳐 향을 내고 가니쉬로 올린다.

로빈스 네스트 X
국경의 남쪽, 태양의 서쪽

Author 무라카미 하루키

책바에 비치된 책 중에서 가장 큰 비중을 차지하는 작가는 무라카미 하루키입니다. 틈틈이 절판본까지 구매하다 보니 어느새 꽤 여러 권이 쌓였는데요. 다양한 술이 디테일한 묘사와 함께 등장하는 그의 작품들은 책바의 보물이라고도 할 수 있습니다. 책바에서는 읽던 책 속에서 마시고 싶은 칵테일이나 위스키를 발견하면 언제든 주문할 수 있습니다. 술이 등장한 문장을 읽으며 그 술을 마시는 경험은 분명 색다르리라 생각합니다.

하루키 책이 많다 보니 당연히 관련 질문도 종종 받는 편입니다. 그의 작품 중에서 어떤 소설을 가장 좋아하는지는 그야말로 단골 질문이죠. 언젠가 바뀔 수 있겠지만, 지금 제 머릿속에 자리 잡은 작품은 『국경의 남쪽, 태양의 서쪽』입니다. 1992년에 출간된 초중기작이며, 하루키의 소설 중에서는 다소 덜 알려진 작품입니다.

이 작품을 좋아하는 이유는 몇 가지가 있습니다. 대체로 어떤 것을 가장 좋아하는 마음은 타인의 영향보다는 자신의 주관적인 기준에 좌우됩니다. 특히 개인적인 의미가 중요하죠. 이 작품을 좋아하는 이유도 단순합니다. 주인공 하지메와 저 사이에 공통점이 많습니다. 본래 하루키 소설의 주인공들은 저와 비슷한 점이 있는 편인데, 하지메는 심지어 직업까지 같았어요. 그렇습니다. 그는 바를 운영하는 바텐더입니다! 바의 운영 철학이 작품 곳곳에 등장하는데, 일에 대한 마음가짐이 제가 생각하는 모습과 놀라울 만큼 닮아 있어 인상 깊었습니다. 예를 들어, 그는 틈만 나면 공간에 대해 상상하는데요. 만약 자신이 손님이라면 누구와 어떤 공간에서, 어떤 것을 마시고 먹고 싶어 할까. 그 공간에서 어떤 시간을 보내고 싶어 할까. 이런 질문들을 집요하게 파고들며 끊임없이 고민하죠. 제가 샤워할 때 주로 생각하는 흐름과 비슷하답니다.

하지메는 외동아들로 태어났습니다. 당시인 1950년대는 베이비붐 세대로, 대부분의 가정이 자녀를 둘 이상 두는 것이 일반적이었습니다. 그 시대에 외동은 흔치 않았죠. 하지메는 자신에게 형제자매가 없다는 사실에 무의식적으로 열등감을 느낍니다. 다른 아이들에겐 당연한 존재가 자신에게는 없다는 점이 마음에 걸렸던 겁니다. 그런 그가 초등학교 시절, 유일하게 자신처럼 외동인 친구를 만나게 됩니다. 시마모토라는 이름의 여자아이입니다. 시마모토는 소아마비로 인해 왼쪽 다리를 약간 절었지만, 전혀 개의치 않고 당당하게 행동하는 아이였습니다. 싫어하는 것에는 손도 대지 않을 만큼 극단적 성향인 하지메와는 달리, 시마모토는 싫어하는 과목조차도 꾸준히 공부하며 자신을 지키려 했죠. 하지메는 그런 시마모토의 모습을 동경하며 깊이 끌립니다. 두 아이는 많은 대화를 나누고 여러 음악을 들으며 시간을 함께 보냅니다. 그때 들었던 음악 중 세 곡이 그에게 큰 영향을 끼쳤습니다. 리스트의《피아노 콘체르토 Piano Concerto》와 냇 킹 콜이 부르는《프리텐드 Pretend》그리고《국경의 남쪽 South of the Border》[1]입니다.

하지만 이들은 초등학교 졸업 후 각각 다른 중학교로 진학하게 됩니다. 하지메가 다른 도시로 이사하면서 자연스럽게 멀어졌죠. 그는 여전히 시마모토와 가까이 지내고 싶었지만, 한편으로는 자의식이 지나치게 커져 있어 상처받는 것을 두려워하는 예민한 청소년이기도 했

---

[1] 눈치 빠른 분은 알아채셨을 텐데요. 『국경의 남쪽, 태양의 서쪽』이라는 제목의 모티브가 되는 곡입니다. 국경 너머 어딘가에 무엇인가 있을지도 모른다는 꿈과 상상력을 상징하죠. 제목 중 '태양의 서쪽'은 히스테리아 시베리아나를 가리킵니다. 이는 시베리아 국경 근처에 사는 한 농부가 반복되는 일상에 지쳐, 어느 날 곡괭이를 내던지고 서쪽을 향해 하염없이 걷다가 결국 쓰러져 죽는다는 이야기입니다. 꿈과 상상력이 파괴된, 고독한 삶을 은유적으로 표현한 것이죠.

습니다. 시간은 그렇게 흘러, 어느덧 그는 대학을 졸업하고 회사원이 됩니다. 그 사이 몇몇 여성과 연애도 하며 누군가에게는 큰 상처를 주기도 했으나, 결국 또 다른 누군가를 만나 결혼까지 하죠. 머지않아 두 딸도 생겼습니다. 그럼에도 그는 단 한 순간도 시마모토를 완전히 잊지 못합니다.

이들이 다시 제대로 마주하게 된 시점은 하지메가 회사를 그만두고 아오야마에 재즈 바 '로빈스 네스트'를 연 뒤였습니다. 하지메는 바 좌석에 앉아 책을 읽고 있었지만 세 자리 떨어진 곳에 그녀가 있는 줄은 모르고 있었죠. 단지 무척 예쁜 손님이 왔구나, 정도로만 감탄하고 있었습니다. 그녀가 다가와 대화를 걸자, 가슴 속의 공기가 달라집니다. 오랜 세월이 흘렀어도 시마모토는 시마모토였습니다. 이들이 어떤 대화를 나눴을지는 직접 읽어보시는 걸 권합니다. 시마모토는 마시던 다이키리를 비운 뒤 그에게 칵테일 추천을 요청합니다.

        시마모토는 다이커리[2]를 비우고 그 잔을 카운터에 놓더니 바텐더를 불렀다. 그리고 나에게 물었다. "하지메, 이 가게에서 추천하는 칵테일은 없니?"
        "우리 집에서 만들어낸 독창적인 칵테일이 몇 가지 있긴 하지. 가게 이름과 같은 '로빈스 네스트'라는 게 있는데 그게 제일 반응이 좋아. 내 작품이지. 럼과 보드카가 베이스야. 마시기는 좋은데 꽤 술기운이 돌지."

(중략)

---

2 이 책에서는 다이키리라고 부르겠습니다.

칵테일이 나오자 그녀는 한동안 색깔을 바라보고 나서 한 모금 홀짝이 곤 잠시 눈을 감고 맛을 음미했다. "아주 미묘한 맛이 나네"라고 그녀는 말했다.
"달지도 않고 쓰지도 않고. 깔끔하고 단순한 맛인데 깊이 같은 게 있어. 네게 이런 뛰어난 재능이 있다는 건 몰랐는걸."[3]

로빈스 네스트Robin's Nest는 『국경의 남쪽, 태양의 서쪽』의 세계 속에서만 존재하는 칵테일입니다. 몇 년 전, 이 문장을 처음 읽자마자 바로 만들어서 맛보고 싶었습니다. 하지만 그때는 경험이 적어 차마 시도를 해보지는 못했죠. 몇 차례 읽었던 최근에서야 만들어볼 용기가 생겼습니다. 오로지 소설 속 문장들만이 유일한 힌트였습니다. 럼과 보드카를 베이스로 한 칵테일, 달지도 쓰지도 않은 미묘하지만 깊이 있는 맛, 그리고 꽤 높은 알코올 도수로 인해 술기운이 제법 도는 술. 이 중에서 바텐더에게 가장 큰 도전이 되는 키워드는 바로 맛에 대한 표현이었습니다. '달지도 쓰지도 않은 미묘한 맛'이라는 건 그야말로 주관의 영역이니까요. 덕분에 많은 시행착오를 겪은 끝에야 완성할 수 있었습니다.

책바 버전의 '로빈스 네스트'는 보드카와 럼을 베이스로 하고, 드라이 베르무트와 아마로 노니노를 더해 만듭니다. 베르무트Vermouth는 주정강화 와인의 일종으로 꽃, 허브, 향신료 등 다양한 식물성 재료로 풍미를 더한 술입니다. 스위트 베르무트가 달콤한 맛이 강하다면, 드라이 베르무트는 한층 깔끔하고 섬세한 맛을 지니고 있죠. 드라이 마티니

---

[3] 무라카미 하루키, 『국경의 남쪽, 태양의 서쪽』, 임홍빈 옮김, 문학사상, 2022, p.140~141

나 뱀부처럼 군더더기 없는 풍미를 강조하는 클래식 칵테일에 쓰이며, 단독으로 마셔도 아주 훌륭한 술입니다. 전반적으로 드라이하지만 그 안에 미묘한 당도와 산도가 어우러져 있어, 특히 무더운 여름날 냉장고에 차갑게 보관해 두었다가 한두 잔씩 홀짝이면 그야말로 천국 같은 기분을 느낄 수 있습니다. 로빈스 네스트에서는 깔끔하면서도 미묘한 풍미를 더해주는 역할을 하며, 책바에서는 주로 돌린Dolin과 노일리 프랏Noilly Prat의 드라이 베르무트를 사용합니다.

아마로 노니노Amaro Nonino는 이탈리아를 대표하는 그라파[4] 기업인 노니노Nonino 가문에서 만든 아마로입니다. 아마로는 이탈리어로 '쓴맛'을 의미하는 단어로, 베르무트처럼 다양한 식물성 재료를 사용해서 만든 허브 리큐르인데요. 페르넷 브랑카Fernet Branca, 아베르나Averna, 몬테네그로Montenegro 등, 칵테일을 사랑하는 분이라면 익숙할 술들이 아마로 계열에 속하죠. 아마로 노니노는 알코올 도수 35도로, 프랑스 리무쟁Limousin과 네베르Nevers의 바리크Barrique 그리고 셰리 캐스크에서 12개월 이상 숙성된 그라파Grappa를 베이스로 사용합니다. 여기에 각종 허브, 향신료, 과일 등을 더해 깊고도 균형 잡힌 풍미를 완성했습니다. 한 모금 머금으면, 입 안 가득 퍼지는 짙은 허브 향과 함께 섬세하게 감도는 감귤류의 풍미를 느낄 수 있습니다. 니트와 온더록스 모두 잘 어울리며 하이볼로 즐겨도 훌륭합니다. 로빈스 네스트에서 아마로 노니노는 칵테일의 깊이를 더해주는 역할을 합니다.

자, 이렇게 네 가지 술이 조화를 이루는 '로빈스 네스트'는 과연

---

[4] 일반적으로 포도 껍질이나 씨, 줄기 등 와인을 제조한 뒤 남은 포도 찌꺼기인 포마스(Pomace)를 증류해서 만든 술을 의미합니다. 하지만 노니노에서 만드는 그라파는 과육까지 포함한 포도 전체를 발효하고 증류하여 만들었다는 특징이 있습니다.

어떤 맛일까요? 한마디로 정의 내리기 어려운, 그야말로 미묘한 맛이 납니다. 깔끔함 속에 은은한 단맛이 감돌고 질감에서는 깊이감이 충분히 느껴집니다. 로빈스 네스트는 믹싱 글라스에 얼음과 함께 재료를 넣고, 충분히 스터링하여 차갑게 만든 뒤 서브하는 방식의 칵테일입니다. 완성 직후, 차가운 상태에서 마셨을 때 가장 맛있게 느껴지는 술이죠.

『국경의 남쪽, 태양의 서쪽』은 개인적인 취향을 떠나서도 자신 있게 추천해 드릴 수 있는 작품입니다. 탄탄한 구성과 섬세한 은유가 인상적이며, 무엇보다도 술술 잘 읽히는 소설입니다. 언젠가 이 작품을 읽게 되신다면, 그리고 시마모토처럼 '로빈스 네스트'를 한 번 맛보고 싶어지신다면, 책바에 들러주세요. 정성껏, 그리고 맛있게 만들어 드리겠습니다.

책바 레시피

: 재료

스미노프 레드 20ml
하바나 클럽 3년 화이트 럼 15ml
드라이 베르무트 15ml
아마로 노니노 10ml
마티니 글라스

: 만드는 법

1 차갑게 냉각한 믹싱 글라스에 스미노프 레드, 하바나 클럽 3년 화이트 럼, 드라이 베르무트, 아마로 노니노를 넣는다.
2 얼음을 가득 채운 후, 바 스푼으로 균일한 속도로 천천히 저어 재료를 차갑게 섞는다.
3 스트레이너를 사용해 마티니 글라스에 조심스럽게 따른다.

촉테일 X
속죄

Author 이언 매큐언

어떤 소설은 단순히 이야기의 매력에 그치지 않습니다. 소설 속 세계를 유영하다가 어느 순간, 인생을 되돌아보게 만드는 문장을 만나기도 하죠. 살면서 이런 소설을 만나는 일은 드물기에 아주 소중한 경험이라고 할 수 있습니다.

김연수의 『네가 누구든 얼마나 외롭든』은 이십 대 시절의 저에게 각별했던 소설입니다. 군 복무 중이던 어느 주말 오후에 처음 읽었는데요. 완전히 이해되지는 않았지만 신기하게도 읽는 내내 가슴은 두근거려서 곧바로 한 번 더 읽었습니다. 그렇게 시간 가는 줄 모르고 몰입한 끝에 늦은 새벽에서야 책을 덮었던 기억이 납니다. 한 소설을 연달아 두 번 읽은 건 그때가 처음이자 마지막이었습니다. 이 책을 통해 제 이십 대를 상징하는 문장을 만나기도 했는데요. 그 시절을 한마디로 정의하자면 이 빛을 찾기 위한 여정이었습니다.

> 어둠 속에 머물다가 단 한 번뿐이었다고 하더라도 빛에 노출되어본 경험이 있는 사람이라면 한평생 그 빛을 잊지 못하리라. 그런 순간에 그들은 자기 자신이 아닌 다른 존재가 됐으므로, 그 기억만으로 그들은 빛을 향한, 평생에 걸친 여행을 시작한다.[1]

책바는 서른에 시작했습니다. 서머싯 몸의 『달과 6펜스』를 읽고 난 후에는 인생을 바꿀 수 있는 결정을 조금은 가볍게 할 수 있게 되었고, 무라카미 하루키의 『국경의 남쪽, 태양의 서쪽』을 읽고는 늦은 밤까지 혼자 일하는 바텐더의 외로움을 덜 수 있었습니다. 적지 않은 시간

---

[1] 김연수, 『네가 누구든 얼마나 외롭든』, 문학동네, 2012, p.370

이 지난 이제는 인생의 미래뿐만 아니라 가끔은 과거도 돌이켜 봐야 하는 나이가 됐죠. 이런 시점에 만난 책이 이언 매큐언의 장편소설 『속죄 Atonement』입니다. 키이라 나이틀리와 제임스 맥어보이 주연의 영화 《어톤먼트》(2007)의 원작 소설로서 더 알려졌는데요. 아직 소설과 영화를 모두 접하지 못한 분이라면 미리 축하드리고 싶습니다. 가끔은 속죄를 막 읽기 시작했던 그때로 돌아가고 싶은 마음도 있거든요. 원작인 소설을 먼저 읽은 뒤 영화를 보시는 걸 추천합니다.

『속죄』의 이야기를 이끄는 주요 인물은 로비 터너와 세실리아 탤리스, 그리고 브라이어니 탤리스입니다. 이름을 보다시피 세실리아와 브라이어니는 자매입니다. 상류층인 탤리스 가문은 정원에 둘러싸인 대저택에 살며, 집안일을 돕는 가정부와 정원사도 있습니다. 로비 터너는 탤리스 가문에서 일하는 가정부의 아들입니다. 그는 탤리스 자매와 처지가 달랐지만 어릴 적부터 함께 많은 시간을 보내죠. 탤리스 가문의 가주인 잭은 그를 세실리아와 함께 케임브리지에서 공부하도록 지원합니다. 로비와 세실리아는 졸업 후 다시 집으로 돌아오고, 막내 브라이어니는 어느새 11살이 됐습니다. 어느날 친척들이 모두 집에 모이는 자리가 마련됐고, 글쓰기를 좋아하는 브라이어니는 희곡 공연을 기획합니다. 큰오빠인 리언은 런던에서 친구 폴 마셜을 데려옵니다. 폴 마셜은 초콜릿으로 떼돈을 번 젊은 사업가인데요. 그가 만든 초콜릿 브랜드인 아모는 2차 세계대전에서 군용으로 사용될 정도로 큰 성공을 거두었습니다. 세실리아와 리언 그리고 폴은 집에 있는 야외 수영장에서 함께 시간을 보냅니다. 이때 세실리아가 리언에게 한 가지 부탁을 합니다.

세실리아가 쾌활한 목소리로 말문을 열었다. "오빠, 내가 무슨 생각 하는지 알아?"

"무슨 생각 하는데?"

"안으로 들어가서 오빠가 만들어주는 환상적인 칵테일을 마시고 싶다는 생각."

갑자기 폴 마셜이 손뼉을 쳤다. 그 소리가 어찌나 큰지 파빌리온 기둥들 사이에 울려퍼지더니 뒷벽에까지 도달했다. "내가 잘 만들 수 있는 게 있는데." 그가 말했다. "얼음 부순 것하고 럼, 다크초콜릿 녹인 것만 있으면 되고."[2]

폴 마셜은 초콜릿 사업가로서 자신이 잘 만들 수 있는 칵테일을 제안합니다. 그 말을 들은 남매는 곧바로 반가워하는데요. 하지만 이 칵테일은 재료만 소개될 뿐 이름은 드러나지 않아 저처럼 술을 좋아하는 독자 입장에서는 궁금하기만 했습니다. 다행히 칵테일의 정체를 조금 더 명확하게 짐작할 수 있는 힌트가 이후의 문장을 통해서 등장하죠.

그 순간 세실리아는 방에 누군가가 한 명 더 있다는 것을 알아차렸다. 다가오는 기척이 느껴져 뒤를 돌아본 그녀는 폴 마셜과 마주쳤다. 그는 한 손에 은쟁반을 들고 있었고 그 위에는 끈적끈적한 갈색 술이 반쯤 찬 칵테일 잔 다섯 개가 놓여 있었다. 그가 하나를 들어 그녀에게 건넸다.

---

[2] 이언 매큐언, 『속죄』, 한정아 옮김, 문학동네, 2023, p.85

"한 번 드셔보세요."³

(중략)

녹인 초콜릿과 계란 노른자, 코코넛 밀크, 럼과 진, 으깬 바나나와 슈거 파우더를 섞은 것에 신선한 민트를 넣었는데도 칵테일은 그다지 상쾌한 맛이 나지 않았다. 한여름 밤 더위에 지친 사람들의 식욕은 이미 떨어질 대로 떨어져 있었다.⁴

모호했던 칵테일의 정체는 두 문단을 통해 분명해졌습니다. 결론부터 말하자면, 이 칵테일은 일반적인 바 메뉴에서 볼 수 있는 종류가 아닙니다. 폴 마셜만의, 더 나아가 작가 이언 매큐언 고유의 레시피라고 할 수 있죠. 영화 속에서도 폴 마셜은 이 칵테일을 '촉테일 Choc-tail(이 글에서도 편의상 촉테일이라고 부르겠습니다)'이라 부르며, 초콜릿과 칵테일을 결합한 자신만의 창작물로 소개합니다. 다만, 이 레시피는 이언 매큐언이 묘사한 상쾌한 맛보다는 달콤한 풍미를 선호하는 이들에게 더 어울릴 법한 맛입니다.

촉테일과 가장 유사한 클래식 칵테일로는 럼 플립 Rum Flip을 꼽을 수 있습니다. 플립의 기원은 17세기 영국으로 거슬러 올라갑니다. 처음에는 맥주, 럼, 설탕을 섞은 뒤 가열해 마시는 따뜻한 겨울 음료였죠. 당시에는 술에 빨갛게 달군 부지깽이를 넣어 격렬한 기포를 일으키며 데웠는데, 이 움직임 때문에 '플립'⁵이라는 이름이 붙었습니다. 다행히도

---

3 앞의 책, p.167
4 앞의 책, p.185
5 Flip: 튀기다

시간이 흐르며 부지깽이를 사용하는 방식은 사라졌고, 맥주 또한 재료에서 빠지게 됩니다. 대신 플립은 차갑게 서브되는 칵테일로 변모하며 주요 재료로 계란이 추가되었고, 결국 술과 설탕 그리고 계란이 들어가는 칵테일의 대명사로 자리 잡게 되었습니다. 베이스로 사용하는 술 종류에 따라 셰리 플립, 포트 플립, 럼 플립 등 다양한 이름으로 불립니다. 즉, 폴 마셜의 레시피는 럼 플립에 진과 초콜릿, 코코넛 밀크, 바나나 그리고 민트가 더해진 아주 창의적인 칵테일이라고 볼 수 있겠습니다.

  책바 버전의 촉테일은 맛의 균형을 고려해서 재료를 신중히 선별하여 레시피를 구성했습니다. 초콜릿의 뉘앙스를 강조하기 위해 다크 럼을 베이스로 선택했으며, 초콜릿 리큐르와 바나나 리큐르를 풍미를 더하는 파트너로 함께 사용했습니다. 플립 스타일을 반영해 계란과 설탕 시럽을 추가하고, 상쾌한 향을 더하고자 스피어민트를 곁들였습니다. 일반적인 사워 칵테일에 계란 흰자만 사용하는 것과는 달리, 플립만의 부드럽고 단단하며 일체감 있는 질감을 위해 노른자까지 통째로 사용했습니다. 마지막으로는 넛멕 가루를 뿌려줍니다. 맛이 어떨지 궁금하지 않으신가요? 제 입맛으로는 아주 훌륭한 디저트 칵테일이라고 소개하고 싶습니다.

  촉테일의 달콤한 맛과는 달리, 『속죄』의 이야기는 이내 걷잡을 수 없는 소용돌이로 빠져듭니다. 사건이 전개되며 성별과 나이를 막론한 다양한 인물들의 감정이 세밀하게 묘사되는데, 바로 이러한 점에서 이 작품의 힘이 느껴집니다. 그럼에도 불구하고 어떤 인물의 생각과 행동은 도무지 이해하기 어렵습니다. 상상력은 때때로 막강한 위력을 지니며, 그로 인해 한 사람은 평생에 걸쳐 속죄의 삶을 살아가게 되죠. 이런 일은 우리에게도 충분히 일어날 수 있습니다. 섣부른 상상에서 비롯된 행동이 결국 평생 짊어져야 할 도덕적 책임이 되어 돌아올지도 모릅니다. 덕분에 앞만 보고 살아왔다가 잠시 멈춰서서 뒤를 돌아보게 되는 시간이었습니다.

책바 레시피

: 재료

다크 럼 20ml

크렘 드 카카오 브라운 20ml

바나나 리큐르(지파드 프리미엄 바나나 추천) 20ml

설탕 시럽 5ml

스피어민트 2~3줄기

계란 1알

넛멕 가루

닉 앤 노라 글라스

: 만드는 법

1 다크 럼, 크렘 드 카카오 브라운, 바나나 리큐르, 설탕 시럽, 스피어민트를 셰이커에 넣고 바 스푼으로 부드럽게 짓이겨 향을 우려낸다.

2 셰이커에 계란 한 알을 넣고 드라이 셰이킹하여 재료를 충분히 섞고 거품을 만든다.

3 얼음을 넣고 다시 한 번 셰이킹하여 차갑게 만든다.

4 더블 스트레이너를 사용해 닉 앤 노라 글라스에 따른 뒤, 넛멕 가루를 뿌려 마무리한다.

팬 갤랙틱 가글 블래스터 X
은하수를 여행하는 히치하이커

Author 더글러스 애덤스

책바에서는 오랜 기간 진행 중인 프로젝트가 하나 있습니다. '책바 아카이브' 란 이름의 프로젝트입니다.

책바의 메뉴 중에는 '책 속의 그 술'이란 항목이 있습니다. 소설 속에 등장한 칵테일과 위스키를 실제 문장과 함께 소개한 메뉴로, 이 책에서 소개하는 다양한 칵테일 역시 책바에서 주문할 수 있죠. 이 메뉴가 꾸준하게 업데이트되기 위해서는 지속적으로 인풋이 필요합니다. 하지만 세상에는 하루에도 수십수백 권의 소설이 쏟아져 나오고, 그 소설을 제가 모두 읽어볼 수는 없는 노릇이죠. 그래서 집단 지성의 힘을 빌리기로 한 것이 바로 이 프로젝트입니다. 여러분께서 소설을 읽다가 마시고 싶은 칵테일을 발견하게 된다면 언제든 책바에 제보하실 수 있습니다. 그 칵테일이 메뉴로 업데이트될 경우, 처음으로 제보 주신 분께 작게나마 감사의 마음을 전하고 있답니다.

그렇다면, 지금까지 제보가 들어온 칵테일은 어떤 것들이 있었을까요? 의외로 소설 속 세계에서만 존재하는 칵테일들이 꽤 있었는데요. 그중에서도 가장 많은 제보를 받은 칵테일은 『은하수를 여행하는 히치하이커를 위한 안내서』에 등장하는 '팬 갤랙틱 가글 블라스터Pan Galactic Gargle Blaster'입니다. 책과 술을 좋아하는 분이라면 분명 이름을 들어봤을 가상의 칵테일이죠. 먼저 책에 대한 이야기부터 해보겠습니다.

『은하수를 여행하는 히치하이커를 위한 안내서』는 영국 작가 더글러스 애덤스가 1979년에 발표한 코믹 SF 소설입니다. 이 작품은 SF 장르에서 열광적인 팬층을 형성하며 수많은 패러디와 관련 문화를 낳

았고, 영국에서는 '가장 사랑받는 소설' 4위에 오르기도 했죠. 이 소설이 탄생하게 된 배경도 무척 흥미롭습니다. 애덤스는 대학생 시절 오스트리아 인스브루크에서 히치하이킹 여행을 하던 중, 술에 취한 채 들판에 누워 밤하늘의 별을 바라보다가 문득 한 가지 아이디어를 떠올립니다. 당시 그의 손에는 『유럽을 여행하는 히치하이커를 위한 안내서』가 들려 있었고, 그 순간 '만약 누군가 은하수를 여행하는 히치하이커를 위한 안내서를 쓴다면, 나는 주저 없이 그 책을 들고 떠날 텐데'라는 생각이 스쳤던 것이죠. 이후 그는 케임브리지 대학에서 영문학 학위를 받은 뒤, BBC 라디오에서 코미디와 SF를 결합한 각본을 쓰게 됩니다. 각본의 출발점은 바로 몇 년 전에 여행하며 떠올렸던 아이디어였습니다.

    이 작품의 매력은 실로 다양합니다. 기발한 상상력과 탄탄한 세계관은 물론, 그 안에는 현실에 대한 풍자와 냉소, 그리고 철학적인 메시지까지 담겨 있습니다. 예를 들어, 귀에 넣기만 하면 모든 언어를 자동으로 번역해 주는 '바벨 피시', 은하계를 여행할 때 가장 중요한 물건이 다름 아닌 '수건'이라는 설정, 그리고 우주에서 둘째가는 슈퍼컴퓨터 '깊은 생각 Deep Thought'이 '삶, 우주, 그리고 모든 것'에 대한 궁극적인 해답을 찾기 위해 750만 년에 걸쳐 계산한 결과가 고작 '42'라는 점 등은 이 작품만의 독특하고 유쾌한 상상력을 잘 보여줍니다. 또한 안내서의 표지에 적힌 "겁먹지 마세요 Don't Panic"라는 문장은, 복잡하고 혼란스러운 세상을 살아가는 우리에게 가장 필요한 것은 유머와 침착함이라는 메시

---

1 2003년 영국 BBC 방송이 영국 독자들을 대상으로 진행한 투표. 1위는 『반지의 제왕』, 2위는 『오만과 편견』, 3위는 『황금나침반』, 5위는 『해리포터와 불의 잔』이 차지했습니다.
2 이 글을 읽은 지금부터 영화나 드라마, 책 등을 접하다 보면 '42'라는 숫자를 의외로 자주 발견하게 될지도 모릅니다. 이 작품이 남긴 영향 덕분입니다.

지를 전합니다. 여러분이 이 유명한 작품을 아직 읽지 못했다면, SF라는 장르가 다소 낯설고 벽처럼 느껴질 수 있다는 점 그리고 총 천페이지가 넘는 방대한 분량이 부담스럽게 다가오기 때문일지도 모릅니다. 분량이 부담된다면, 6부작 중 첫 번째 이야기인 『은하수를 여행하는 히치하이커를 위한 안내서』부터 가볍게 시작해 보시길 추천드립니다.

이야기는 지구에 사는 평범한 남자, 아서 덴트의 상황 설명으로 시작됩니다. 그는 마을 가장자리의 언덕 위에 위치한 집에서 살고 있습니다. 그러던 어느 날, 지방 의회가 그 집을 철거하고 우회도로를 건설하려 합니다. 아서는 이를 막기 위해 불도저 앞에 드러눕죠. 그때 그의 가장 친한 친구인 포드 프리펙트가 다가옵니다. 포드는 아서에게 여기에 누워있지 말고 근처 술집에 가서 술이나 한잔하자고 설득합니다. 사실 포드는 지구인이 아니라 베텔게우스 근방의 작은 행성에서 온 외계인이었는데요. 술집에서 포드는 아서에게 근육 이완제라며 맥주를 3파인트[3] 마시라고 권한 뒤, 오랫동안 감췄던 자신의 정체를 밝힙니다. 이어서 몇 분 뒤에는 지구가 파괴될 것이라는 충격적인 소식도 전하죠. 아서는 포드의 도움으로 우주로 탈출하게 됩니다. 이후 죽을 뻔한 위기를 넘긴 끝에 '순수한 마음' 호에 탑승하게 되고, 그곳에서 우주를 항해 중이던 자포드 비블브락스와 트릴리언을 만나게 됩니다.

자포드 비블브락스는 머리가 두 개, 팔이 세 개인 외계인입니다. 그는 우주 대통령이지만, 무한 불가능성 드라이브가 장착된 '순수한 마음' 호를 훔친 죄로 여러 세력에게 쫓기고 있는 상황입니다. 그가 우주선을 훔친 이유는 전설 속에 묻힌 마그라테아 행성을 찾기 위해서였는

---

[3] 영국에서 1파인트는 568ml입니다.

데요. 엉뚱하고 충동적인 그의 성격은 역사에 길이 남을 칵테일까지 탄생시킵니다. 바로 '팬 갤럭틱 가글 블라스터'입니다. 이 칵테일이 처음 소개되는 문장은 그야말로 압권이죠.

　한 페이지에 달할 정도로 정성스러운 칵테일 레시피는 책과 술을 모두 사랑하는 바텐더로서 반가운 풍경입니다. 하지만 반가움은 월급이 통장을 스치듯 사르르 사라졌고, 상상 속에서만 존재하는 이 칵테일을 어떻게 구현해야 할지 고민이 깊어졌습니다. 심지어 재료가 대부분 외계에서 왔단 말이죠…. 일단, 이 소설 속에 등장하는 재료는 모두 가상이라 오로지 저의 상상만으로 레시피를 만들었다는 사실을 먼저 말씀드립니다.

　문장의 전체적인 맥락을 살펴봤을 때, '팬 갈랙틱 가글 블라스터'는 레몬이 머리를 한 대 강타하는 것처럼 시트러스한 풍미가 강하고, 가스가 부글부글 차오르는 것 같은 기포를 내는 칵테일입니다. 칵테일 자체의 뉘앙스는 무겁다기보다는 오히려 과할 정도로 산뜻하다고 상상했습니다.

　올드 생크스 스피릿은 '보드카'로, 산트라기누스 5호 행성의 바닷물은 '살린 솔루션$^{Saline\ Solution}$[4]', 메가 진 얼음은 '네이비 스트렝스 진', 팔리아 행성의 늪지대 가스는 '발포 비타민'으로 표현했습니다. 콸락틴 하이퍼민트 추출액은 '민트 리큐르', 알골리아 행성의 태양 호랑이 이빨은 '각설탕', 잠푸어는 '레몬 제스트'로 치환했죠. 다행히 올리브는 지구에도 존재하는 재료군요!

---

[4]　(생리식염수란 사전적인 정의 외에) 바 업계에서는 칵테일에서 맛을 섬세하게 조절할 때 사용하는 소금물을 의미합니다. 책바에서는 소금 1g : 물 4ml 비율로 만듭니다.

책바 버전의 팬 갤럭틱 가글 블라스터는 다음과 같은 과정으로 만듭니다. 책에서 이 칵테일이 소개되는 문장이 압권이라, 비슷하게 적어 보았습니다.

《책바 메뉴판》에서도 술에 대해 언급하고 있다.

이 메뉴판에는 현존하는 최고의 술은 팬 갈랙틱 가글 블래스터$^{Pan\ Galactic\ Gargle\ Blaster}$라고 적혀 있다.

이 칵테일을 마셨을 때의 효과는 레몬 한 조각으로 싼 커다란 황금 벽돌로 머리 한 대를 강타당하는 것과 유사하다.

《책바 메뉴판》에 따르면, 먼저 보드카 42ml를 셰이커에 따른다.

거기에다가 살린 솔루션 4dash를 따른다. "아, 책바의 소금물! 아, 책바의 물고기들!" 이라고 《책바 메뉴판》에는 적고 있다.

그 혼합물에다가 네이비 스트렝스 진 42ml를 따른다.

지구 행성의 각설탕 하나를 앙고스투라 비터 2dash와 함께 그 안에 떨어뜨린다.

머들러로 각설탕을 짓이긴 뒤, 바 스푼으로 골고루 섞어준다.

재료가 어느정도 섞였다면 얼음을 셰이커에 넣고 차갑게 셰이킹한다.

셰이킹한 액체를 마티니 글라스에 따른 뒤, 지구 행성의 레몬맛 발포 비타민 한 개를 넣어 가스가 부글부글 차오르게 한다. 이는 지구 행성의 책바에서 기쁨을 이기지 못해 죽어간 그 모든 행복한 히치하이커들을 추모하기 위함이다.

어두운 지구 행성 지대의 그 아찔한 냄새, 미묘하면서도 달콤하고 신비스러운 그 냄새를 상기시키는 민트 리큐르를 바 스푼의 볼록한 부분에 얹어 술잔 안에 띄운다.

레몬 제스트를 몇 방울 뿌린다.

올리브 한 알을 칵테일 픽으로 꽂아 글라스에 넣는다.

이제 마신다⋯⋯단⋯⋯매우 조심해서⋯⋯.

이 칵테일은 어떤 맛일까요? 짭짤하면서도 민트와 레몬의 풍미를 골고루 만날 수 있는 독특한 맛입니다. 시간이 지날수록 레몬의 풍미가 강해지죠. 음용 시 주의할 점이 하나 있습니다. 한 모금 머금은 뒤 약 1초 후에는 레몬 조각으로 감싼 커다란 황금 벽돌로 머리를 한 대 얻어맞은 것 같은 제스처를 취해야 한다는 것입니다. 이 퍼포먼스까지 완수해야 비로소 팬 갤럭틱 가글 블라스터를 제대로 마셨다고 할 수 있죠. 우주의 맛이 궁금하신 분은 곧 책바에서 뵙겠습니다. 판매를 할지 안 할지는 현재로서는 장담할 수 없습니다.

참고자료

: 도서

명욱, 『젊은 베르테르의 술품』, 박하, 2018

알렉스 데이, 데이비드 카플란, 닉 포찰드, 『칵테일 코덱스 : 궁극의 공식』, 주영준 옮김, 미호, p.251

어니스트 헤밍웨이, 『파리는 날마다 축제』, 주순애 옮김, 이숲, p.74~75

조엘 해리슨 & 닐 리들리, 『스피릿』, 정미나 옮김, 한스미디어, p.98~119

최남선, 『조선상식문답』, 1946

David Wondrich, 『Imbibe!』, Tarcher, 2015, p.146~149, 189~198, 244, 245, 253~256, 257~258, 261

Dave Broom, 『GIN THE MANUAL』, Mitchell Beazley, 2018, p.29, etc

Jack Kerouac, 『Belief & Technique for Modern Prose』, Chronicle Books, 1959

J.W.Gibson, 『Scientific Bar-Keeping』, Wentworth Press, 1884

Justine Mittie Hellmich, 『Ultimate Bar Book』, Chronicle Books, 2006, p.43, 272

Philip greene, 『To have and have another(A Hemingway cocktail companion)』, PERIGEE, 2015, p.82~90

Picardie & Dorothy Wade, 『Atlantic and the Godfathers of Rock and Roll』, HarperCollins Publishers, 1993

Richard Cook, 『Oxford Night Caps: A Collection of Receipts for Making Various Beverages Used in the University』, 1827

Samuel Johnson, 『A Dictionary of the English language』, Penguin Classics, 2007, p.254

기사 및 미디어

Bill Toland, 《Rye is Popular Again》, <Pittsburgh Post Gazette>, 2007-05-23

Kevin Brauch, 《A River of Whiskey》, <The Thirsty Traveler Season 4, Episode 402>, Fine Living, 2006-09-11

《Bittered Sling》, <The Balance and Columbian Repository>-Vol. V, no. 19. May 13, 1806. p.146.

《압생트의 환각효과는 알코올 도수 때문》: https://www.sciencetimes.co.kr/nscvrg

《[와인이야기]술의 역사를 바꾼 해충 '필록세라(Phylloxera)'》: https://www.asiae.co.kr/news

《이강주》: https://terms.naver.com/entry.naver

《A Dictionary of the English language》: https://archive.org/details

《A brief history of cocktails》: https://www.diffordsguide.com

《Alexander cocktails》: https://www.diffordsguide.com/encyclopedia

《Applejack vs. Apple Brandy: What's the Difference?》: https://www.liquor.com

《Bar Hemingway》: https://www.ritzparis.com/hotel/paris

《Cutty Sark, Blended Scotch whisky》: https://cutty-sark.com/

《Even after 180 years, A Christmas Carol is no humbug》: https://www.colorado.edu/asmagazine

《Freakonomics: How '50 Shades' is reshaping the world. Sort of...》: https://www.independent.co.uk/arts-entertainment

《Fastest adult paperback novel to sell a million》: https://www.guinnessworldrecords.com/world-records

《Forbidden Love》: https://www.newyorker.com/magazine

《Gimlet》: https://www.liquor.com/recipes

《Haruki Murakami interview: 'When I write fiction I go to weird, secret places in myself'》: https://www.the-independent.com

《History of the highball, Japan's popular whisky and soda cocktail, from its British and American roots to the origin of its name》: https://www.scmp.com/magazines

《How Well Do You Actually Know the Bishop?》: https://punchdrink.com/articles

《Ian Fleming - Creator of James Bond》: https://britishheritage.org/ian-fleming

《National Brandy Alexander day》: http://eatocracy.cnn.com/

《Oppenheimer's famous martini included a twist, and we don't mean lemon》: https://www.washingtonpost.com/food/

《Plymouth Gin Navy Strength》: https://www.plymouthgin.com/

《Sex toy injuries surged after 'Fifty Shades of Grey' was published》: https://www.washingtonpost.com/news

《Sicilian Kiss - Cocktail or Shot》: https://enzasquailhollowkitchen.com

《Sicilian Kiss Recipe + Ingredients & Tips》: https://www.cocktailplans.com/recipes

《Splice the mainbrace! A brief history of Navy Strength gin》: https://www.masterofmalt.com/blog

《Survey Notes Steady 16-Year Increase In Challenges to School Library Books》: https://www.edweek.org/education

《The 50 greatest crime writers: No. 1 Patricia Highsmith》: https://www.thetimes.com/article

《The "Churchill Martini" Is Iconic. But Is It a Myth?》: https://bevvy.co/articles

《The Modern Library, 100-best-novels》: http://www.modernlibrary.com/top-100

《Tob 100 Best Novel》: https://www.bbc.co.uk/arts/bigread

《1950's: Nov. 16, 1952; This Is the Beat Generation》: https://www.nytimes.com

https://www.grappanonino.it

http://dictionary.cambridge.org/

https://www.southerncomfort.com

https://www.disaronno.com/

https://us.hendricksgin.com/

소설 한 잔

1판 1쇄 발행 2025년 10월 2일

저　　자 | 정인성
발 행 인 | 김길수
발 행 처 | ㈜영진닷컴
주　　소 | (우)08512 서울 금천구 디지털로9길 32
　　　　　갑을그레이트밸리 B동 10층 (주)영진닷컴
등　　록 | 2007. 4. 27. 제16-4189호

©2025. (주)영진닷컴

ISBN | 978-89-314-8089-4

이 책에 실린 내용의 무단 전재 및 무단 복제를 금합니다.
파본이나 잘못된 도서는 구입하신 곳에서 교환해 드립니다.

YoungJin.com Y.